영해를 대적하는

바이블 리터러시

영해를 대적하는

바이블 리터러시

BIBLE LITERACY

허병옥 지음

좋은땅

추천사

저자 허병옥 목사가 목회를 하는 미국에서 내게 전화를 한 적이 있었다. 그 전화가 아니었다면 나는 본 저서의 정념까지는 알지 못했을 것이다. 주변의 젊은이들이 쉽게 이단에 미혹되는 것을 보고 애끓는 마음을 내게 토로했다. 신학대에서 교육을 하는 나에게 전하는 우정 어린 꾸지람으로 들었다.

그런데 시간이 흐르고 저자는 소리, 소문 없이 이 저서의 원고를 완성하고 내게 보냈다. 바이블 리터러시를 통해 부적절한 영해를 제어하고자 하는 참신한 방법론만이 본 저서의 탁월함이 아니다. 한 영혼이라도 미혹의 영에게 잃을 수 없다는 현장 목회자의 절박함이 저서의 페이지마다 배어 있다. 개신교도의 성경 사랑이 얼마나 열렬한지는 모르는 이 없다. 그러나 열심만으로는 거짓 사설에 대처하기 어렵고, 이는 이단 단체의 위세가 잘 입증한다. 읽는 열심보다 읽는 능력, 즉 리터러시가 교회의 성경 읽기를 개선해야만 할 시기다. 목회자의 기도와 연구자의 기지를 함께 담아낸 허병옥 목사의 본 저서는 그 개선의 역할을 충분히 하리라 믿는다.

기민석 교수(침례신학대학 구약학)

영해를 대적하는 바이블 리터러시

이 책은 목회자로 하여금 성도들의 관점에서 성경을 더 깊이 이해하고 쉽게 설명할 수 있도록 돕는다. 성도들은 자칫 딱딱하게 느껴질 수 있는 성경의 다양한 내용들을 전체적으로 흡수할 수 있다. 이를 통해 기독교 역사에 나타난 잘못된 신앙에 대한 경각심을 가질 수 있고 성경이 전하는 바를 정확히 파악할 수 있는 능력이 배양될 것이다.

오랫동안 목회를 하면서 성경의 주제를 관통하는 관점을 제시하는 이런 책이 출간되기를 바라고 있었기에, 마치 가뭄에 단비를 만난 것처럼 반가운 마음이 든다. 복음을 사랑하는 열정으로 이 책을 쓰신 허병옥 목사님의 노고에 감사드리며 기쁜 마음으로 추천한다.

김영하 목사(미주한인침례교총회 총회장)

아모스 선지자는 "양식이 없어 주림이 아니며 물이 없어 갈함이 아니라 여호와의 말씀을 듣지 못한 기갈이라"(암8:11)라고 참으로 무서운 경고를 하고 있습니다. 한때 천만 기독교인을 자랑하며 밤에는 도시 전체에 붉은 십자가 불빛을 자랑하던 한국교회가 어느새 우려와 탄식의 대상이 되었습니다. 여러 가지 진단과 자성, 노력과 회개가 필요한 총체적인 문제입니다. 허병옥 목사님의 책을 보면 기독교 역사와 특히 우리나라 기독교의 가장 큰 약점을 지적하며 자성을 촉구하는 듯합니다.

허 목사님은 무엇보다 우리의 문제는 소위 "영해"로 알려진 알레고리 중심 성경해석에 의한 말씀의 기근임을 잘 지적합니다. 주일마다 방송마다 설교는 넘쳐날지 모르지만, 영해에 빠진 설교는 하나님의 말씀이 아니라는 그 핵심을 뼈아프게 파고듭니다.

영해, 즉 알레고리 중심 성경해석은 기독교 초기부터 존재했습니다. 가장 오래되고 큰 영향을 끼친 이단인 영지주의(Gnosticism)가 기반이기도 합니다. 또한, 불행히도 이 알레고리 중심 해석은 한국교회 초기부터 지금까지 지속적으로 영향을 끼치며 성경해석을 자의적이고 신비적으로만 해석하게 하여 주님의 교회를 무너뜨리고, 결국 이단에게 자양분 역할을 해 왔습니다.

기독교는 예수 그리스도의 십자가 구속으로 보이신 하나님의 은혜와, 그리스도 안에서 계시를 이해하게 하시는 성령님의 사역에 기반합

영해를 대적하는 바이블 리터러시

니다. 그런데 영해는 특정한 개인만이 가지고 있다는 특별한 영적 지식을 통해, 근거 없이 조작된 해석으로 사람들을 유혹하고 겁박합니다. 교회 내에서 계급을 만들고 십자가 은혜의 기독교에 기복, 무속, 이익, 추한 탐욕, 개인의 생각을 집어넣었습니다.

어쩌면 많은 분들에게 이미 익숙한 "영해"가 영혼을 죽이는 독소라는 것을 자각시키는 일은 생각보다 어렵습니다. 그러나 이것이 주님의 교회를 십자가 위에 올바로 세우는 동시에, 끝 간 데 없이 발전해 나가고 있는 이단을 무너뜨리는 가장 강력한 첫걸음임을 강조하는 책입니다.

이단이 영해와 프레임으로 얼마나 교활하게 교회에 침투해 오는지를 영해와 이단의 역사, 영해에 대한 이해와 그 위험성, 그리고 이 영해를 막기 위해 올바른 신학적 관점으로 읽어내는 성경통독을 대안으로 제시하는 허 목사님의 책을 진심으로 추천합니다. 이 책은 성경을 올바로 이해하도록 읽게 하는 능력을 갖추길 원하는 모든 성도만이 아니라, 성도를 가르쳐야 할 목회자들 모두에게 성찰과 배움의 기회를 제공하는 좋은 책이 될 것입니다.

2024년 여름 Seminary Hill에서
김인허 교수(사우스웨스턴 침례신학대학, 조직신학)

예수님께서 공생애 3년 동안 하나님 나라를 가르치시는 중에 많이 사용하신 표현은 '기록된 바(It is written)'입니다. 그 '기록'은 구약 39권의 기록을 말합니다. 예수님 당시 이 기록을 놓고 잘못 해석하는 이들이 있었는데 바로 사두개파와 바리새파였습니다. 그래서 예수님께서는 사람들에게 기록된 구약 39권의 말씀 즉, '율법과 선지자의 가르침'을 다시 가르쳐 주셨습니다. 그리고 기록대로 십자가를 지심으로 하나님 나라를 완성하셨습니다. 예수님께서는 십자가 '단번 제사'로 모든 죄와 허물, 사망으로부터 우리를 속량하셨습니다. 그렇게 예수님께서는 하나님의 사랑과 은혜, 하나님의 의로우심을 드러내셨습니다. 우리는 기록된 하나님의 말씀, 성경을 읽을 때 이 사실을 기억해야 합니다. 그리고 이 기반 위에 우리의 신앙을 세워야 합니다.

이런 면에서 허병옥 박사님의 책은 이단들의 배후에서 작동했던 프레임과 잘못된 성경해석을 밝히고, 성경의 원래 기록에서 틀리지 않게, 치우치지 않게, 선을 넘지 않도록 하는 성경적 대안을 포괄적으로 제시한 귀한 책입니다. 필독을 권합니다.

조병호 박사(성경통독원 원장, 미국 드루대학교 객원교수)

영해를 대적하는 바이블 리터러시

목회자가 한 권의 책을 낸다는 것을 여인의 출산 경험에 비유한다. 그래서 첫 번째 저술을 일컬어 처녀작이라 한다. 허 목사님은 중년 목회자로서 목회현장에서 적지 않게 부딪치는 이단에 빠진 이들에 대한 사역을 고민하게 된다. 이러한 고민을 흘려보내지 않고 목회 과제로 마음에 품은 채 긴 세월 묵상하고 연구하여 그 답을 찾아 글로 옮겨 『영해를 대적하는 바이블 리터러시』라는 이름으로 책을 출판했다. 이에 진심으로 기뻐하고 축하하며 추천의 변을 적어 본다.

예수님을 주로 고백하는 하나님의 아들은 삶의 가치 기준을 성경에 두고 성경을 마주한다. 성경을 대하는 태도에 대해, 고린도교회에 목회서신을 보낸 바울은 모세가 광야에서 시내산에 올라가 여호와를 대면하고 얼굴에 여호와의 영광을 얻었던 것을 예로 들었다. 백성들은 모세의 얼굴을 볼 수 없었기 때문에 모세는 얼굴에 수건을 쓰고 백성을 대하다가 여호와의 영광이 사라진 뒤에도 계속 수건을 썼다. 바울은 이를 비유로 들어 성경을 자의적으로 해석하고 삶에 적용하면 많은 오류를 범할 수 있다고 경고했다. 바울은 고린도교회 성도들이 오류의 삶을 살지 않도록 수건을 벗고 성경을 대면하여 주의 영광을 온전히 체험하므로 영광에서 영광에 이르기를 권면했다.

『영해를 대적하는 바이블 리터러시』를 읽는 하나님의 아들들이 성경을 대하며 쓴 수건을 벗는 데 적지 않은 도움을 줄 것을 확신한다. 수건을 벗고 성경을 대면하므로 영광의 주님을 새롭게 만나서 밝히 주의 영광을 체험하여 영광에서 영광에 이르기를 기대한다.

허태범 목사(홍천 면류관교회)

I served alongside Pastor Pyoungok Hur and his family while I was the Director of Missions and Church Planter Strategist for Guam and the Marianas Islands, located in the Pacific Rim. While serving there, I met all the pastors and missionaries on the island chain and worked among all the churches. I especially worked with the church planters and served as their supervisor as they started their churches. When Mary and I met Pastor Hur and his family at the beginning of our work there, Pastor Hur was supported by the North American Mission Board of the Southern Baptist Convention. With their collaboration and support, we accomplished a great deal while starting the Korean Baptist Church there. We became close friends as well as colleagues, and our friendship has continued here in the United States. In their pastorates in Florida, they have shown great leadership and have been very successful in their positions.

In his book, Pastor Hur stresses that the Bible is the inerrant Word of God, and his life mirrors his beliefs. His insights on accurately discerning and overcoming problems caused by misunderstanding as well as misinterpretation are shown in his work as he encourages readers to equip themselves with biblical literacy and how to become mature believers.

I am delighted and blessed to recommend this wonderful book, which is filled with Pastor Hur's wisdom and his experiences as a Pastor. I sincerely believe that all who read this book will gain a greater understanding of biblical truth and see that by studying the correct interpretation of the Bible as God's Word will help them grow as Christians.

Dr. Lloyd Byers(Author of 『Keep Moving Forward - My Son's Last Words』

and Director of the Heavenly Generations)

들어가는 말

2023년 5월 4일 목회데이터 연구소가 발표한 통계에 의하면 개신교인의 13.3%는 가족이나 지인 중 '이단이 있다'라고 응답했고 8.4%는 이단 모임을 권유받은 경험이 있다고 말했다. 이단들의 숫자를 채워 주고 있는 이들 역시 다름 아닌 기존 교회의 신자들이라는 소식도 들려온다.

이단 사이비가 기독교인들 안으로 점점 포위망을 좁혀 오고 있는 이런 상황 속에서 소수의 이단 예방 단체나 목회자들이 고군분투하고 있다. 그러나 아직 대다수의 교회나 성도들은 이단에 대해 피상적이고 단편적인 지식에 머물고 있으며 체계적인 준비보다는 응급처방에 급급한 실정이다.

이런 현실의 안타까움 속에서 틈틈이 정보들을 수집하며 이단을 들여다보기 시작했다. 이단의 공격에 위기와 안타까움을 느끼고 있는 분들은 이 책을 통해 이단에 대한 관심과 불씨를 다시 잘 살려 보기를 바란다.

본서는 이단을 대할 때 기본적으로 먼저 이해하고 있어야 할 내용들을 정리했으며 특히 이단들 배후에서 작동하는 영해와 프레임을 다루어 보고자 했다. 또한 바이블 리터러시(성경 문해력)로 신앙을 성장시키고 이단저항성을 향상해 갈 것을 제안하고 있다.

지은이

영해를 대적하는 바이블 리터러시

책의 구성

2000년대에 들어선 한국교회는 안팎으로 큰 위기에 직면하고 있다. 교인 수는 감소하고, 사회적으로 반기독교적 정서가 높아 갈 뿐만 아니라 신천지 등 이단의 도전 또한 거세지고 있다. 과거에는 음지에서 조용히 활동하던 이단이 근래에는 돈과 힘을 이용해 해외로 눈을 돌리고, 그것을 다시 세계적인 종교처럼 국내에서 홍보하며 더 많은 사람을 현혹하고 있다.

근래에 가장 활발한 이단 중의 하나인 신천지는 교인들을 미혹하는 정도를 넘어 이제는 자신들의 추종자를 직접 기존 교회에 침투시켜 교회를 분열하여 신천지화하는 대범함까지 보이니 심각한 상황이 아닐 수 없다. 이단 연구가 고 탁명환소장은 이단 발생의 원인을 교회의 "신학적 빈곤, 기성교회의 제도적인 부패와 타락, 세상 징조에 나타나는 위기의식의 고조, 한국인의 종교적 심성, 성경해석의 오류"라는 여러 요인에서 찾고 있는데,[1] 여기서 '성경해석의 오류'란 문맥과 역사적 배경들을 무시한 채 이루어지는 '영해'로 알려진 알레고리(allegory)적 해석과 관련이 있다.

영해(靈解: 영적 해석) 또는 알레고리적 해석이란 성경의 문자적 해

---

1) 탁명환, 『기독교이단연구』(서울: 국제종교문제연구소), 80-87.

석 혹은 문맥상 분명한 해석 이면에 그것과 다른 상징적 혹은 영적인 의미가 존재한다고 믿는 해석방법을 말하는데, 이 '영해'는 극단적인 주관주의로 흐를 수 있고, 해석자가 자신의 견해를 강화하기 위해 오용할 수도 있으며, 전후 문맥을 고려하지 않으므로 왜곡의 위험도 크다는 문제점을 갖고 있다. 더욱 심각한 폐해는 그 저변에 영적인 사람만이 가질 수 있는 특별한 해석이라고 주입하는 영지주의적(Gnostic) 접근이 있다는 것이다. 이러한 해석은 성경해석에 있어 영해가 옳을 뿐 아니라 영해를 하는 사람과 그렇지 못한 사람을 자연스럽게 계급으로 나누는 결과 또한 낳게 된다.

'영해'는 성경을 문맥적 맥락에서 이해하지 않고 단어의 주관적 상징성을 사용하여 해석하는 그릇된 해석방법으로 한국교회 강단도 그동안 성경의 문자적, 율법적 해석과 함께 이런 영해의 영향을 많이 받아온 것이 사실이다. 더구나 사이비 이단들은 이 영해를 자신들의 교리를 정당화하고 교주를 신격화하는 좋은 도구로 이용하고 있으니 그 문제가 더욱 심각하다고 할 수 있다. 이제 한국교회는 이런 영해를 앞세운 이단들의 무분별한 해석에 쉽게 현혹되지 않으면서 오히려 영해를 극복할 수 있는 효과적인 방법을 찾아 제시해야 하는 시대적 요청을 받고 있다.

필자는 본서를 통해 우선 이단 전체에서 작동하고 있는 거대한 배후나 덩어리를 먼저 파악하는 데에 목표를 두고 프레임과 영해에 집중해서 본서의 내용을 전개하였다. 교회들이 이단이 펼치는 조악하기 그지없는 교리나 가르침을 하나 더 상대해 이겨 본들 무슨 의미가 있겠는가? 이단 사이비들은 내일이면 더 진화된 괴물의 모습으로 나타나 싸움을 걸어 올 것이기에 필자에게는 더 근원적인 요인에 다가가고자 하는 바람이 있었다. 좀비와 같이 달려드는 이단을 각개전투로 상대할 것이 아니라 이단들의 배후에서 작동하는 원리와 작계(작전계획)를 먼저 알아내 아군 초소에 알려 주고자 했다.

이 책은 먼저 독자들에게 이단에 대한 기본적인 이해와 상식을 소개하는 것으로 시작한다. 이단의 정의는 무엇이며 그 용어는 어떻게 변화되어 갔는지, 이단과 사이비의 차이는 무엇인지를 알아보았다. 또한 이단과 정통을 나누는 중요한 기준은 무엇이며 이단 논쟁을 바라보는 시선들은 어떻게 다양한지도 살펴보았다.

제2장에서는 이단 이해에 있어 지문과 같은 역할을 하는 역사 속의 이단을 다루었다. 특히 1세기에서 5세기 사이에 나타났던 주요 이단사상들과 인물들을 알아보았다. 또 그 영향을 받아 나타나고 있는 현재의 이단적 성향을 보이는 잔재들에 대해서도 경계를 늦추지 말자는 의도로 언급하였다. 독자들은 여기까지만 잘 이해해도 이단에 관한 논쟁과 맞닥뜨렸을 때 당황하지 않고 그 대상의 근원을 침착하게 유추해 볼 수 있게 될 것이다.

제3장과 제4장에서는 이단 이해를 새로운 눈으로 바라볼 수 있게 해줄 프레임과 영해를 집중적으로 다루었다. 그동안의 이단 관련 책들이 이단이 가진 외부 현상에 치중하여 문제점을 하나하나 지적하는 데 집중하였다면, 본서는 이단들의 배후에서 작동하는 원리와 그들이 가진 시스템에 초점을 맞추고자 했다. 이단의 배후에는 보이지 않는 시스템이나 프레임이 숨어 있고 더 나아가서는 영적 원수, 즉 사탄의 궤계가 있음을 알아야 한다. 이 부분이 책을 읽는 독자들이 반드시 알아야 할 핵심이라 할 수 있다.

아울러 책의 후반부에서는 이와 같은 이단의 공격을 막기 위해 교회가 어떤 방향으로 나아가야 할지를 밝히려 했다. 필자는 '바이블 리터러시'를 제시하였는데 이단의 가장 큰 약점을 성경 전체의 맥락과 역사에 대한 몰이해로 보았기 때문이다. 이단들은 마치 자신들이 성경을 가장 잘 알고 계시를 꿰뚫고 있는 것처럼 선전하지만 성경의 문맥이나 역사를 무시한 채 자의적 해석을 일삼으며 '영해'라는 이름으로 교묘히 포장하고 있었다. 이런 상황 속에서 교회의 성도들이 성경 문맹에서 벗어나 성경을 올바로 읽고 이해하고 그것을 바탕으로 소통하며 하나님 나라를 향해 나아가는 '바이블 리터러시'를 제시하였다. 다시 기본인 성경으로 돌아가 성경적 세계관으로 무장하는 길 외에는 이단의 공격을 근본적으로 막아 낼 방법은 없다.

따라서 이 책에서는 성경의 리터러시(문해력)를 정확히 파고들 수

영해를 대적하는 바이블 리터러시

있는 3가지 좋은 제안을 내놓는다.

첫 번째는, 성경을 큰 그림으로 구조화해서 성경 전체를 그려 낼 수 있게 하는 것이다.

두 번째는 과학주의 프레임에서 벗어나 성경 중심의 세계관으로 무장하는 것이다. 우리는 성경의 권위에 도전하는 과학이나 이성의 도전에 직면하고 있다. 세속화나 자유의 사상을 잘못 받아들인 이들은 하나님이 주신 지성과 과학을 오히려 성경을 부인하고 진리를 대적하는 데 사용하기도 한다. 또한 진리를 대적하는 이단은 창조에 관한 영역에서도 영해라는 도구를 사용해 성도들을 기만하고 있다. 따라서 지금 시기는 그 어떤 책보다 창세기에 담긴 하나님의 질서와 창조 원리 인생의 목적에 대해 바로 알아야 할 때이다. 이렇게 교회와 성도들이 성경 중심의 세계관을 정확히 갖추고 무장할 때에라야 이단에 대한 장기적인 승산이 있을 것이다.

세 번째는 하나님 나라와 역사를 통합적인 시각으로 보는 것이다.

성경과 역사 문명이 분리된 것이 아니라 모무 하나님의 통치 안에서 움직여지고 있는 영역임을 밝히고 있기 때문에 이단사상들이 보이는 잘못된 프레임을 분별할 수 있는 기초를 제공할 것이다.

모쪼록 이 책을 통해 모든 목회자와 성도들이 이단의 위험성을 직시하고 더욱 성경으로 돌아가 신앙을 성숙시키고, 이단 저항성을 증진해 나갈 수 있기를 바란다.

목차

제1장 ───────────────────

이단 이해의 기초

제2장 ───────────────────

이단 이해의 지문

제3장 ─────────────────────────────────

이단 이해를 바라보는 새로운 눈

제1장

이단 이해의 기초

1. 이단의 정의

이단을 뜻하는 영어단어는 'Heresy(헤러시)'이며 헬라어 원어 '하이레시스(αἵρεσις)'에서 유래했다. 본래 하이레시스의 뜻은 '선택' 혹은 '선택하다'로서 처음엔 경멸의 의미가 담겨 있지 않은 중립적인 단어였다. 따라서 1세기 당시에는 이 단어가 '어떤 것을 선택한 사람들이 모인 분파나 학파, 집단'을 가리키는 의미로 쓰였으며 우리가 잘 아는 바리새파, 사두개파 같은 종파(sect)나 혹은 교회의 분열로 생긴 분파(schism) 등을 일컬을 때 사용되었다. 처음엔 평가나 판단을 뜻하던 중립적인 단어가 점점 자신들(정통 유대교)을 중심으로 해서 다른 선택을 한 무리들을 가리키는 배타적이고 경멸적인 의미를 담은 용어로 변해 간 것이다.

그 대표적인 예가 사도행전 24:5에서 바울을 고소하면서 사용한 "천하에 퍼진 유대인을 다 소요케 하는 자요. 나사렛 이단의 괴수라"라는 말이다. 여기서 유대인들이 바울을 향해 외친 '이단'이란 말이 헬라어 원문에는 '하이레시스'로 쓰여 있다. 아무래도 그 당시에는 바리새파와 사두개인들이 기득권 세력이었고 그들을 중심으로 해서 바울과 그의 가르침을 판단하다 보니 이런 표현이 나왔을 것이다. 나중에는 그리스

영해를 대적하는 바이블 리터러시

도교 역시 이러한 의미를 이어받아서 예수 그리스도의 가르침이나 사도들의 전통에서 벗어난 주장이나 가르침, 혹은 그 세력을 가리킬 때 하이레시스(αἵρεσις)라 부르게 되었다.

그렇다면 오늘날 이단이라는 단어는 어떤 의미를 담고 있을까? 보통 이단을 정의해 달라는 질문을 받을 때 많이 들었던 대답들을 떠올려 보고 그 대답이 과연 적절했는가를 먼저 생각해 보자.

1) 성경해석이 틀리면 이단이다

물론 이 대답이 틀리지는 않는다. 하지만 신학자나 목회자들 사이에서도 성경 한 구절을 놓고 분분한 해석이 오가는데 그럴 때마다 서로 이단이라고 부르지는 않는다. 따라서 이런 식의 이단 설명은 불충분하다.

2) 끝이 다르면 이단이다

이것은 한자 풀이, 즉, 다를 '이(異)' 자에 끝 '단(端)' 자를 풀이하여 접근해 간 설명으로 가장 흔하게 내리는 대답이다. 그러나 이 정의는 이단의 성격을 일부 묘사한 것일 뿐 만족스러운 설명은 아니다. 세상에는 시작과 끝이 다른 일이 한두 가지가 아닌데 그것을 모두 이단이라고 부르지는 않기 때문이다.

3) 예수가 육체로 오신 것을 부인하면 이단이다

물론 이 대답도 틀리지는 않는다. 이단 중에는 예수가 육체로 오신 것을 부인하는 이단들이 많다. 그러나 예수가 육체로 오신 것을 인정하면서도 여전히 이단으로 정죄 받는 이단들도 많기에 보충 설명이 더 필요한 정의라고 볼 수 있다.

이런 짧은 실례만 보아도 이단이라는 용어를 설명하는 것이 그리 간단하지 않다. 그러기에 우리는 이단이라는 용어에 대해 분명한 기준을 가지고 잘 사용해야 할 필요가 있다. 이런 면에서 간단명료한 사도 바울의 이단에 대한 정의를 소개하고 싶다. 갈라디아서 1장 9절을 보면 "…만일 누구든지 너희의 받은 것 외에 다른 복음을 전하면 저주를 받을지어다"(갈 1:9). 바울은 이 구절에서 이단을 "다른 복음"으로 지칭하며, 그 설명을 '예수 그리스도의 가르침이나, 사도들의 정통에서 벗어난 가르침'이라고 말하고 있다. 이런 바울의 용례에 따라 이단을 '다른 복음을 전하는 무리들'이라고 쉽게 정의할 수 있겠다. 그렇다면 무엇을 기준으로 해서 다르다는 것일까? 성경과 정통을 기준으로 할 때 다르다는 말이다.

정통 기독교에서 가르치는 교리와 다른 가르침을 전하는 무리들을 가리키는 용어가 '이단'이라고 할 수 있다.

이상 살펴본 것처럼 이단이라는 용어는 혼자서는 존재할 수 없는 단어이다. 정통이 있기에 존재하는 단어인 것이다. 그렇다면 이제 자연스럽게 궁금증이 생긴다. 교회 역사 속에서는 무엇을 기준으로 하여 정통과 이단이 분류되었는가에 관한 것이다. 궁금하지 않은가? 이 내용은 뒤에서 살펴보기로 하겠다.

영해를 대적하는 바이블 리터러시

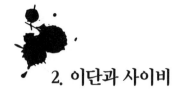

2. 이단과 사이비

사이비는 출처의 측면으로 볼 때 기독교가 아닌 것이 기독교 안에 들어와 성도들을 미혹하는 집단이나 사람을 가리킨다. '사이비(似而非: 닮을 사, 말 이을 이, 아닐 비)'라는 용어를 한문 표기를 기준으로 정의해 본다면 "비슷해 보이지만 아니다"라는 뜻이라고 할 수 있다. 표면적으로는 진짜처럼 보이지만 실제로는 그렇지 않은 것을 가리키며 주로 가짜나 거짓된 것을 일컫는 데 사용된다.

사람들 사이에서 이단과 사이비라는 말은 큰 차이 없이 혼용되고 있으며, 그 차이를 정확히 설명하기도 어렵고, 실제로 그 둘의 차이를 금 긋듯이 구분하기도 쉽지 않다. 그러나 최근 일어나는 이단 현상에 대한 분별력을 갖기 위해서라도 두 용어에 대한 올바른 이해가 필요할 것이다. 통상적으로 '이단'이라는 용어는 종교적, 신앙적으로 정통에서 벗어난 견해나 해석을 가리키는 용어라고 할 수 있으며, '사이비'는 법적, 사회적 기준에서 쓰이고 있는 용어라고 할 수 있다.

대한민국은 헌법에 종교의 자유가 보장되어 있어서 이단이라 해도 법적인 제재를 가할 수는 없다. 그러나 '사이비'의 경우에는 예외가 될 수 있다. 사이비는 단순히 종교적인 차이를 넘어서서 사회적으로 물의를 일으키는 악의적인 집단이다. 예로 중국의 삼합회나 일본의 야쿠자 같은 조직폭력배를 생각해 볼 수 있겠다. 이런 폭력단체는 설립된 성격 자체에서 폭력이나 사기 같은 불법적인 일을 저지를 수밖에 없는 태생적 한계를 지니고 있다. 겉으로 볼 때는 사업상 흔히 일어날 수 있는 다툼이나 싸움, 횡령 같은 사건이라 해도 국가나 사회는 더 엄격한 잣대를 갖고 이런 폭력단체들을 대한다. 그들은 공정한 경쟁에 의해서 이득을 취하는 단체가 아니라 시작부터 기존 사회의 법적 질서에 대해 위법, 탈법을 저지를 수밖에 없는 정체성을 가지고 있기 때문이다.

이단과 사이비의 다른 점이 바로 이와 같다. 정통과 이단이라는 분류가 종교적, 교리적으로 다른 가르침을 주장하는 데서의 분류를 일컫는 반면, '사이비'는 법적 사회적 분류에 의해 나타난 용어이다. 폐해로 보자면 '사이비'는 한 개인과 가정은 물론 사회를 혼란시키고 더 나아가 국가 질서까지도 무너뜨릴 수 있을 정도로 그 정도가 심각하다고 할 수 있다. 지금 한국 사회를 떠들썩하게 하고 있는 신천지나, 정명석, 아가동산 같은 단체가 이단인지 사이비인지는 이 잣대로 평가를 해 보면 답이 나올 것이다.

3. 이단을 평가하는 기준들

　　이단의 정의에서도 드러나고 있지만 이단은 정통이 있기에 존재하는 용어이다. 이단을 정통과 대조해서 살펴볼 때 이단의 윤곽이 더욱 선명하게 드러나므로 먼저 초대교회 이단과 정통을 가르던 기준이 무엇이었는지 살펴보고자 한다. 대부분의 이단은 역사적인 통일성이나 연속성을 지닐 수 없다. 그저 기생충같이 숙주에 기생하여 생성과 소멸을 반복할 뿐이다. 그러므로 교회들이 그리스도의 역사가 전수되어 온 것을 면밀히 살피고 그 내용을 정확히 이해할 수 있을 때 정통이 왜 정통이고, 이단이 왜 이단일 수밖에 없는지를 분별할 수 있을 것이다.

　　우선 정통이 무엇인지 그 의미를 살펴보자. '정통'이란 성경의 가르침을 가장 잘 요약한 것, 성경을 가장 충실하게 따르는 교훈을 말한다. 이 정통성은 한 사람에 의해 임의로 정해질 수 없다. 오랫동안 이어져 온 사도들의 전승에 근거한다. 초대교회 시대에 정통과 이단을 나누는 대략 5가지 중요한 기준이 있었기에 그것을 기준으로 살펴보기로 하겠다.

첫째, 삼위일체 교리이다.

삼위일체는 영어로 'Trinity'라고 표현하는데 이 용어는 기독교 신학에서 하나님의 세 가지 존재 형태를 설명하는 데 사용된다. 이 교리는 성부 하나님, 성자 예수님, 그리고 성령 하나님 세 분이 각각 독립적으로 존재하며 그 역할도 다르지만, 실제 그 본성에 있어서는 동일한 하나님이시라는 교리이다. 어떤 이는 "삼위일체라는 말이 성경 어디에 나오느냐?" 하면서 성경을 아무리 찾아봐도 삼위일체라는 말은 나오지 않는다고 말하며 문제를 삼기도 한다. 그러나 성경 전체가 말하고 있는 '하나님은 오직 한 분이며 동시에 그분은 세 위격으로 존재하신다'는 의미를 가장 잘 담고 있는 용어가 '삼위일체'라고 할 수 있다.

삼위일체라는 용어를 좋은 컵에 비유하고 성경 속에 나타나고 있는 하나님에 관한 내용을 컵 안의 물이라고 생각해 보자. 컵 없이 물을 담을 수 없다. 그러므로 삼위일체 교리를 믿지 않는다는 것은 그 컵 안의 성경의 내용을 믿지 않는 것이므로 분명한 이단이라 할 수 있다. 초대교회 시대 예수님을 믿는 새로운 신자들 가운데 이방인들은 하나님이 한 분이시라는 가르침을 받아야 했다. 반면 유대인들은 유일신 사상은 확실했어도 한 하나님 안에 세 위격이 존재한다는 것을 배워야 했다.

캐나다 몬트리올에서 출생한 개혁주의적 복음주의 신학자이며 미국 트리니티 신학교의 신약신학 교수인 D. A. 카슨이 자주 언급하는 일화 중에 그가 이슬람 신학자와 나눴던 대화가 있다.

카슨이 화학과 수학을 전공하던 중에 이슬람 신학자로부터 '하나의 컵 더하기 하나의 컵은 몇 개의 컵이냐'는 질문을 받았다. 카슨은 두 개의 컵이라고 답했다. 그러자 이슬람 신학자는 '두 개의 컵 더하기 하나의 컵은 몇 개의 컵이냐'는 질문을 거듭 하였다. 카슨은 "세 개의 컵"이라고 답했다. 상대방은 '세 개의 컵에서 하나의 컵을 빼면 몇 개의 컵이 남느냐'고 다시 물었다. 카슨은 두 개의 컵이라고 답했다. 그러자 이슬람 신학자는 정말 묻고 싶었던 질문을 던졌다. "당신은 성부가 하나님이라고 믿나요? 당신은 예수가 하나님이라고 믿나요? 당신은 성령이 하나님이라고 믿나요?" 모든 질문에 "그렇다"라고 대답한 카슨에게 그는 다시 물었다. "한 명의 하나님 더하기 또 한 명의 하나님, 그리고 여기에 또 한 명의 하나님을 더한다면 몇 명의 하나님이 있나요?" 그는 카슨으로부터 "세 명의 하나님"이라는 답을 듣길 기대했다. 하지만 카슨은 전혀 다른 답을 제시했다. "무한대 더하기 무한대 더하기 무한대는 뭘까요? (무한대들이 아니라) 무한대입니다. 저는 한 분의 무한하신 하나님을 섬깁니다."

신학 개념을 수학 모델에 비유하여 질문한 사람에게 카슨역시 수학의 무한대 개념을 활용하여 답변을 제시했다. 삼위일체 교리 전체를 부인하든, 부분적으로 부인하든 삼위일체를 인정하지 않는 자는 이단이다.

둘째, 그리스도의 양성 교리이다.

칼케돈 공회에서 그리스도의 양성에 대해 다음과 같이 선언했다. "우리 주 예수 그리스도는 한 분의 동일한 아들이시고 신성에 있어서 완전하시고 인성에 있어서 똑같이 완전하시며 참으로 하나님이시고 참으로 사람이시니, 이성적 영혼과 육체를 가지신 인간이시며 신성에 있어서 성부와 공동 실체적이시고 인성에 있어서 우리와 똑같은 공동 실체적이시니 죄만 빼놓고 모든 것에 있어서 우리와 마찬가지시다.”

신성과 인성의 관계에 대해서도 다음과 같이 선언했다. “혼동이 없고, 변화도 없고, 분할도 없고, 분리도 없고, 본성들의 차이는 연합 때문에 결코 제기되지 않으나 각 본성의 특성은 그대로 보존되어 있다.”

어렵고 복잡하게 들리지만 쉽게 핵심 내용을 말하자면 “예수 그리스도가 100% 하나님이시고, 100% 인간이시다”라는 내용이다. 이러한 칼케돈 신앙고백은 그 후 그리스도에 대한 바른 이해의 척도가 되었다. 이 그리스도의 양성 교리를 부인하는 자는 이단이다.

셋째, 이신칭의 교리이다.

이신칭의(以信稱義) 교리는 오직 믿음으로써만 의롭다 함을 얻는다는 교리이다. 교회 역사 속에서는 믿음 이외에 뭔가를 더하거나 혹은 믿음을 다른 것으로 대체하여 구원에 이르려고 하는 시도들이 끊임없이 있어 왔다. 그때나 지금이나 “오직 믿음에 의해 의롭다 함을 얻는다”라는 교리를 벗어난 가르침은 이단사상이 틀림없다.

넷째, 지나친 신비주의 영성 추구이다.

지나친 신비주의 영성 추구의 대표적인 예로 ‘직통계시’를 들 수 있다. 직통계시는 하나님이 특정 개인에게 직접, 명확하고 구체적인 메시지나 지시를 전달하는 현상을 말한다. 이러한 계시는 성경의 기록을 벗어나 개인적으로 경험되며, 때로는 신비적이거나 초자연적인 경험을 동반할 수 있는데 다음과 같은 이유 때문에 위험하다고 여겨지고 있다.

1) 검증의 어려움: 직통계시는 주로 개인적인 경험에 기반하기 때문에 외부에서 이것이 진실인지 아닌지를 객관적으로 판단하기 어렵다.
2) 성경적 권위와의 충돌: 기독교에서는 성경을 하나님의 말씀으로 보고 최종적인 권위로 삼는데, 직통계시가 성경의 가르침과 모순되는 일이 벌어지기도 한다.
3) 분열의 원인: 직통계시를 주장하는 사람들이 자신의 계시가 다른 기독교인들과 다르다고 주장할 때, 교회 내외의 분열을 일으킬 수 있다.
4) 이단 사상의 위험: 직통계시가 성경과 다른 새로운 교리나 신념을 주장할 때, 이는 종종 이단으로 분류된다. 이러한 교리들은 전통적인 기독교 교리와 충돌하며, 교인들을 기존의 신앙에서 멀어지게 할 수 있다.

AD 397년 카르타고 공의회에서 신약 27권이 정경으로 확정된 후 이 정경 외에 특별계시를 주장하면 이단으로 평가되었다.

요즘 온라인상에서 보이는 영상을 보면 참으로 걱정이 앞선다. 이단 냄새가 나는 이들은 진리보다 인기몰이를 더 중요하게 생각하기 때문에 거짓된 환상, 기적을 광고하며 가짜 부흥으로 사람들을 현혹한다.

지금도 직통계시를 좇는 극단적 신비 현상 추종자들은 거기서 일어나는 방언, 치유, 예언 같은 초자연적 현상에 집착한다. 이런 현상을 좇는 이들 대부분이 신비체험의 짜릿한 맛을 잊지 못하고 점점 더 빠져들어가고 있으니 참으로 안타까울 뿐이다.

나치의 선전 장관이었던 괴벨스는 이런 이야기를 했다. "99개의 거짓과 1개의 진실을 섞으면 100%의 거짓보다 더 큰 효과를 낸다. 대중은 거짓말을 처음에는 부정하고 그다음엔 의심하지만, 되풀이하면 결국에는 믿게 된다." 이 말을 거짓 계시나 이적으로 사람들을 선동하는 자들에게도 적용할 수 있다. 직통계시를 말하는 자들은 성경뿐만 아니라 성경 이외의 다른 계시를 주장함으로써 나중에는 자신들의 직통계시를 성경보다 더 권위 있게 만든다. 이 직통계시를 주장하는 이단들은 그동안 교회가 지켜 온 사도적 신앙과의 단절을 보이고 있으니 이단 후보 1순위라고 할 수 있다.

다섯째, 시한부 종말론이다.

시한부란 말은 특정한 시한, 즉 정해진 기간이나 날짜가 있는 상태를 의미한다. 따라서 시한부 종말론은 특정한 시점에 세상의 종말이 올 것이라는 믿음을 가지고 성경의 특정 구절들을 해석하여 종말의 날짜나 시기를 추정하는 데 집중한다.

종말론 이단자들은 종말 계시에 대한 지식을 자신들만이 소유하고 있다고 착각하며 배타적인 주장을 일삼는다. 그들은 신비스럽고 공상적인 언어를 사용하여 요한계시록 문헌을 자의적으로 해석하고, 임박한 종말에 대한 불안감을 조성한다. "오직 아버지께서만 알고 계시는"(마 24:36) 세상 끝 날에 대한 상세한 묘사를 시도한다.

실제로 사도 시대에서부터 이러한 종말 열광론자들은 거짓 예언과 선동, 현세 도피적 태도로 공동체와 사회에 큰 해를 끼쳤다. 제칠일 안식교가 그 좋은 예이다. 윌리엄 밀러(William Miller)가 1844년 예수님이 재림한다는 주장을 했다가 빗나가자 다시 엘렌 G. 화이트(Ellen G. White)를 통해 조사심판 교리[2]를 주장하며 만회하려 했다. 대한민국 역시 1992년 다미선교회, 최근엔 신천지 등에서 계속적으로 시한부 종말론을 주장하여 큰 물의를 일으켰고 인터콥의 백 투 예루살렘 운동 등도 많은 교단에서 시한부 종말론적 요소가 강하다고 비판하였다.[3]

이단들의 특징 중의 하나가 시한부 종말론이나 조건부 종말론으로 사람들을 점점 공포로 몰아넣으며 폐쇄적이고 배타적으로 변해 간다는 것이다.

---

2) 조사심판 교리: 조사심판 교리는 제칠일안식일예수재림교회(Seventh-day Adventist Church)의 중요한 교리 중 하나로, 예수 그리스도가 천상의 성소에서 인류의 죄를 심판하는 과정을 설명한다. 이 조사심판 교리에 따르면 예수는 천상의 성소에서 인류의 죄를 심판하기 위한 조사심판을 시작했으며, 이 과정이 완료된 후에야 지상으로 재림할 것이라는 교리이다.

3) 정윤석, "최바울 선교사, 사실상 시한부 종말론 주장," [온라인 자료] https:// www. christiantoday.us/25404, 2024년 3월 14일 접속.

4. 이단 논쟁을 바라보는 다양한 시선들

이단이 등장했을 때 이를 바라보는 다양한 시선들이 있어 왔다. 어떤 이는 심각하게 바라보고, 또 어떤 이는 대수롭지 않게 반응한다. 어떤 이는 좇아가고, 어떤 이는 그저 남의 일이라며 구경한다. 현재 이단을 바라보는 시선들 역시 마찬가지이다.

이단은 단지 어제오늘의 문제가 아니다. 교회의 역사와 이단의 역사는 함께해 왔다. 그러므로 사람들이 그동안 어떤 입장들을 가지고 이단 논쟁을 바라보았는지를 살펴보는 것도 이단을 이해하는 데 도움이 되리라 생각한다.

사람들이 이단 논쟁을 바라볼 때 갖게 되는 다양한 시선들은 다음과 같다.

첫째, 이단을 정치싸움의 희생양으로 본다.

월터 바우어가 대표주자인데 "이단은 역사적 싸움에서 패배한 정통이다"라는 견해를 피력한다. 이 입장에서 본다면 이단은 어쩌다 줄을 잘못 선 불운한 정통일 뿐 큰 잘못이 없게 된다. 이는 이단에게 부적절한 역사적 정당성을 부여하는 주장이라고 할 수 있다.

이 견해는 사람들의 지지를 받기도 한다. 한국교회에도 이단 시비를 통과의례처럼 겪고 나서 다시 회복된 목회자들의 예들이 있다. 이것들을 보면서 자연스럽게 "힘 있으면 정통이 되지만 힘없으면 이단이 될 수도 있다"라는 생각이 은연중에 사람들에게 자리 잡게 되었다. 요즘 같이 교계가 혼탁하고 이단이 득세하는 상황 속에서 사람들의 관심을 끌 만한 시선이다.

그러나 정통과 이단의 문제는 단순히 기독교 내 다수와 소수의 싸움 결과로 설명할 수 없다. 종교개혁 당시를 예로 들면 쉽게 알 수 있다. 당시 프로테스탄트는 소수파였고, 로마 가톨릭은 다수파였다. 힘의 논리로 보자면, 종교개혁자들은 모두 이단이 되었어야 했다. 물론 이단으로 몰려 피를 흘린 사람들도 있었지만, 전체적인 역사의 흐름을 보면 정통과 이단의 싸움은 정치나 권력 다툼 이상의 문제이다.

어떤 이들은 삼위일체나 기독론 교리의 확립 같은 교회사의 중대한 사건들을 이런 정치적 시각으로 보려고 한다. 그들은 삼위일체 교리 역시 콘스탄티누스가 벌인 교묘한 공작정치의 산물로 이야기하기를 서슴지 않는다.

제1차 니케아 공의회는 325년에 로마 황제 콘스탄티누스 1세의 주도로 소집되었다. 이 회의의 주된 배경은 기독교 내부의 이단 문제, 특히 아리우스주의에 대한 논란이었는데 아리우스주의는 알렉산드리아의 사제 아리우스가 주장한 이론으로, 예수 그리스도가 하나님과 본질적으로 동일하지 않으며, 창조된 존재라는 주장이었다. 이러한 주장은 하나님과 예수의 관계에 대한 근본적인 신학적 이슈를 제기했고, 이로 인해 교회의 일치와 안정이 위협받았다. 이때 회의의 결과로, 니케아 신조가 채택되어 예수 그리스도의 신성과 인성이 동등하게 하나님의 본성과 일치한다는 점이 강조되고, 아리우스주의를 공식적으로 이단으로 규정하게 되었다.

역사 기록에 의하면 당시 콘스탄티누스는 신학 문제들엔 관심이 없었고 단지 정치적인 안정을 위해 신학적으로 나누어져 있는 두 그룹의 입장을 신속하게 공식적으로 처리하고 싶어 했다고 한다. 그래서 서둘러 종교회의를 소집하게 되고 회의에는 대략 250명에서 318명 정도의 주교들이 모인 것으로 추정된다. 이것이 바로 니케아 종교회의이며 이 사람들에 의해 그 중요한 삼위일체 교리가 확정된 것이다. 이 과정과 결과를 놓고 얼마나 많은 이야기가 만들어졌겠는가?

그러나 우리가 알아야 할 것은 하나님께서 역사를 주관하신다는 사실이다. 오늘날의 시각이 아닌 당시의 역사적 정황과 당시의 일반적인 세계관을 갖고 그 당시 역사의 맥락을 찬찬히 들여다보아야 한다. 그 당시는 오히려 지금보다도 더 엄격한 기준을 갖고 이단과 정통을 가르고 있었다. 당시 교회가 따르던 '유일하고 참된 신앙'은 사도들에 의하여 전수 받은 것이며, 배운 것이었다.

기독교의 교부이자, 평신도 신학자 터툴리안도 말하기를 "우리 그리스도인은 우리 자신의 권위를 따라 새로운 교훈을 가르칠 수도 없으며, 어떤 다른 사람이 자기 권위를 따라 만들어 낸 교훈을 받아들일 수도

영해를 대적하는 바이블 리터러시

없다"라고 말했다. 사도들은 혈통적으로 유대인이었지만 유대교 신앙을 답습하거나 재생산하지 않았다. 역사 속에는 분명히 이단과 정통을 가르는 기준이 있었던 것이다.

어떤 견해가 이단으로 규정되는 데에는 반드시 그 이유가 있다. 분명 교회 역사 속에는 인간들의 탐욕과 실수가 존재하지만, 말똥을 통해서도 아름다운 꽃을 피우시는 하나님의 섭리 또한 겸손히 인정해야 한다.

둘째, 아직도 끝나지 않고 계속되고 있는 싸움으로 본다.(판단 유보)

정통 이단 논쟁이 너무 서둘러 봉합되었다는 의심을 아직도 갖고 있는 이들이 보이는 견해다. 필자는 우리나라의 6.25 전쟁에 관한 이야기를 들을 때 어느 산은 북한군과 남한군의 싸움이 너무 치열해 전쟁 기간 동안 주인이 몇 번씩 바뀌었다고 들은 적이 있다. 이와 마찬가지로 판단을 유보하는 이 입장은 아직 정통과 이단의 싸움이 진행 중이라고 본다. 엎치락뒤치락 정통과 이단이 다시 어떻게 바뀔지 모르니 판단을 유보하고 지켜보겠다는 입장이다.

실제로 우리 주변에는 판단이 오락가락하는 예가 많이 있다. 어느 교단에서는 이단으로 이미 정죄되었던 목회자에게 다시 몇몇 사람이 면죄부를 주려는 시도가 있었다고 한다. 교단의 공식적인 절차 없이 다시 그 결정을 철회하려는 결정을 하려다가 반대에 부딪힌 사건이다. 이와 비슷한 일을 많이 겪다 보니 이단 판정에 있어서도 이런 입장을 보이는 것이라 하겠다.

역사 속에서도 이런 부끄러운 사건은 헤아릴 수 없이 많다. 플로리다

올랜도에는 위클리프 선교회 본부가 있다. 위클리프(AD 1320-1384)는 교회가 교회다워지려면 일반교인이 성경을 알아야 한다는 생각으로 라틴어로 된 성서를 영어로 번역한 인물이다. 이렇게 위대한 인물이었지만 콘스탄트 공의회는 위클리프가 죽고 21년이 지난 후 20년 전에 죽은 위클리프의 무덤을 파서 이단으로 정죄하기에 이른다. 그들은 시신을 부관참시한 후 위클리프의 시신을 화형시키고 남은 재를 강에 뿌렸다. 그러나 이같이 죽어서도 핍박을 받았던 위클리프는 지금 어떤 평가를 받고 있는가? 지금은 훌륭한 신앙의 모델이 되어 위클리프 선교회 국제본부 건물에 동상까지 세워져 존경을 받고 있다. 이렇게 중세 시대에는 교회와 교황의 권위를 거부하고 거기에 도전하는 것을 이단으로 규정했다.

헤맨 길도 길이고 아픈 역사도 역사다. 이런 역사도 있었다는 것을 알고 교훈으로 삼아야 한다.

셋째, 역사를 주관하시는 하나님을 신뢰한다.

우리는 앞에서 이단을 정치싸움의 희생양으로 보는 어떤 이들의 입장을 다루었다. 이들은 "정치라는 외적 요소를 걷어 내면 진리는 오히려 패배한 쪽에 있을 수 있다"라고 주장하였는데 이것은 잘 모르고 하는 소리다.

1-2세기에 기독교회는 정치권력이 없었다. 정통교리를 강요할 수단도 없었다. 또한 무엇보다 초대교회는 정치가 아닌 하나님의 진리에 궁극적으로 더 관심을 갖고 있었다. 터너라는 신학자는 바우어의 엉터

영해를 대적하는 바이블 리터러시

리 같은 이론에 반대하며『기독교 진리의 형식(The Pattern of Christian Truth)』에서 초대교회는 다음과 같은 세 가지 흔들릴 수 없고 타협될 수 없는 신앙 요소가 있다고 하였다.

첫째는 하나님이 창조자이시고 그리스도는 하나님이 보내신 역사적 구속자,

둘째는 성경계시가 지닌 중요성,

셋째는 신조와 신앙의 규범을 굳게 붙들었다.

초대교회는 무법지대가 아니었다. 그 공동체 안에는 이처럼 나름대로 흔들릴 수 없고 타협될 수 없는 신조들이 있었으며 그것에 근거하여 공동체가 유지되고 있었다는 것을 알아야 한다.

물론 그 공동체를 둘러싸고 바깥에서 여러 목소리와 잡음들이 있었을 것이라는 것은 쉽게 상상해 볼 수 있다.

가까운 이민 목회 현장을 예로 들어 보자. 교회 안에는 항상 성경 말씀보다 자신의 입장을 더 강력히 주장하는 사람들이 있다. 이들은 자신들의 주장이 관철되지 않고, 기대했던 보상이 따라 주지 않으면 교회를 주저함 없이 떠나간다. 초기에는 옳고 그름에 대해 많은 소문들이 떠돌겠지만, 교회 공동체가 건재한 한 시간이 흐르면서 진실은 밝혀지게 되어 있다. 아마도 초대교회 당시에도 상황이 이와 비슷했을 것이라고 짐작해 본다. 초대교회를 지키고 있던 충성스러운 신자들에게는 이미 타협할 수 없는 사도와 선지자에게서 받은 본질적 진리가 있었다.[4] 교회 공동체는 거짓 가르침의 위험에 맞서 진리를 요약하여 기록

---

4) 기록에 의하면『rule of faith(신앙의 규범)-기독교의 기본진리를 간략히 요약』라는 규

하고 정통교리들을 잘 보존하고 지켜 왔다는 것을 알 수 있다.

그러므로 후대를 살고 있는 이들은 당시의 이단에 대해 너무 감상적으로 접근하면 안 된다. 학문을 하는 사람이든, 신앙생활을 하는 사람이든 간에 하나님보다 더 자애로운 사람이 되려고 해서는 안 된다. 하나님께서는 역사를 통해 교회를 통해 기독교 진리를 왜곡하는 이단을 걸러내 오셨기 때문이다.

이단은 교회가 인정하는 일부 교리를 부정하거나 또는 일부 교리를 과도하게 강조하기도 하며 문제를 발생시켜 왔다. 그리스도가 아닌 자신들의 교주를 메시아나 재림주로 신격화하기를 시도하기도 하였다. 제도적인 교회를 부정하거나 교회의 일치성을 파괴하고 자신들만이 구원을 받는다고 주장하기도 하였다.

초대교회 시대에도 분명 그 귀를 진리에서 돌이켜 거짓되고 미덥지 아니한 이야기를 좇는 이들이 있었고, 오늘날도 그 후예들은 동일한 모습을 반복한다. 하나님의 역사는 진리를 붙잡고, 진리를 위해 살고, 진리를 위해 죽을 수 있는 성도들을 중심으로 진행되고 있다. 역사를 주관하시고, 역사를 진행시켜 오신 하나님께서 이 땅에 교회를 세우시고 성경을 맡기셨다. 이 땅의 교회들은 이 마지막 때에 더욱 성경의 사람

범서가 있었고 이것이 나중엔 더 정교한 신조, 신앙고백들로 발전하게 된다. (예를 들면 초대교회 성도들이 애독했던 자료 중에 「디다케」라는 문서 같은 것이다.) 원래 제목은 『열두 사도들을 통하여 이방인들에게 전해진 주님의 가르침』으로 4세기경까지 성경 즉 정경(正經)으로 취급되었던 것으로 추측된다. 속사도 시대에 저작된 이 자료는 초대교회의 예전과 규율을 자세히 소개하는 중요한 자료다.

들이 되어 진리를 전파해 나가야 할 것이다.

이제 다음 장에서는 구체적으로 역사 속에 나타났던 이단들을 살펴봄으로써 역사가 남긴 발자취를 새겨 보고자 한다.

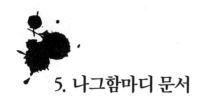

5. 나그함마디 문서

나그함마디 문서는 1945년 이집트의 나그함마디라는 지역에서 발견된 초기 기독교 및 영지주의 문서들의 모음이다. 이 모음집에는 12개의 파피루스와 13번째의 일부 파편이 포함되어 있으며, 총 52개의 별개 텍스트가 48개의 제목으로 수록되어 있다. 이 텍스트들은 주로 콥트어로 쓰였지만, 원래는 기독교 시대의 처음 세기 동안 그리스어로 작성된 것으로 추정된다. 이 문서들은 당시 형성되고 있던 정통 기독교 교리와 종종 상반되는 교리와 믿음을 담고 있었으며 대체로 초기 기독교 주류 권위에 의해 이단으로 간주되었던 것들이다.

20세기에 나그함마디 문서들이 발견되면서, 학자들은 초기 기독교 사상의 다양성과 정통 기독교와 나란히 존재했던 다양한 기독교 믿음의 해석을 이해하는 데 귀중한 통찰을 제공받게 되었다. 이 문서를 놓고 서로 상반하는 두 입장이 있다.

영해를 대적하는 바이블 리터러시

학문적 참조 및 역사적 가치를 존중하는 입장

나그함마디 문서에 대하여 학문적, 역사적으로 가치가 있다는 입장을 보인다. 나그함마디 문서들을 초기 기독교 사상과 문화의 중요한 창구로 보며, 이 문서들을 통해 기독교 초기의 다양성과 복잡성을 이해할 수 있다고 본다. 그렇지만 이 문서들을 기독교의 공식적인 정경과는 별개의 역사적 문서로 취급하며, 그것들이 제공하는 정보와 사상을 연구하고 분석하는 데 중점을 둔다. 이 문서들을 영지주의적 해석과 초기 기독교 내 다른 신학적 경향들 사이의 상호작용을 탐구하는 데 도움을 주는 자료로서의 가치를 인정하지만, 그것들을 기독교 교리나 신앙의 '공식적인' 부분으로 받아들이지는 않는다.

정경적 가치 및 영적 권위를 부여하는 입장

나그함마디 문서에 대하여 정경적 가치 및 영적 권위를 부여하는 입장에서는 나그함마디 문서들 중 일부 또는 전체에 대해 정경적인 지위나 영적 권위를 부여하려는 경향을 갖는다. 이러한 관점을 가진 사람들은 나그함마디 문서들이 전통적 기독교 교리와는 다른, 보다 깊고 신비로운 영적 진리에 대한 접근을 제공한다고 믿는다. 특히 일부 영지주의 그룹이나 신앙 공동체에서는 이 문서들을 전통적인 신약성서와 동등하게, 또는 특별한 영적 진리를 담고 있는 텍스트로 간주한다.

최근 제2 성전기 시대[5]의 문헌들에 관한 연구가 활발히 진행되고 있다. 앞에서 밝힌 나그함마디 문서에 대한 두 입장 사이에 명확한 경계가 있는 것은 아니며, 많은 중간 입장이 존재할 수 있다. 그러나 핵심적으로, 나그함마디 문서들을 어떻게 받아들이느냐는 개인의 신앙적 배경, 신학적 교육, 그리고 이 문서들과 관련된 역사적 및 문화적 맥락에 대한 이해에 크게 좌우된다.

필자는 이 시대에 대한 깊은 연구가 이루어져서 성경에 대한 이해가 더 깊어지길 기대한다. 그러나 한편으로는 걱정도 있다. 한국의 일부 크리스천 중에는 이스라엘이나 유대인에 대한 지나칠 정도의 환상을 갖고 있는 추종자들이 있는 듯하다. 학문적 연구에서나 다루어야 할 외경이나 에녹 1서 같은 문서를 마치 대단하고 특별한 성경인 것처럼 광고하고 그것을 따르는 이들이 있다는 소식을 듣는다. 이러한 모습들은 마치 21세기판 산당을 떠올리게 한다. 이런 모습들이야말로 소경이 소경을 인도하는 것이며, 선무당이 사람 잡는 꼴이다. 위경이 말하고 있는 거짓된 얕은 지식으로 일반 성도들을 선동하고 오히려 복음의 가치를 깎아내리는 지식인이 되지 않기를 바란다.

성경은 당시의 문학을 반영할 수 있다. 성경의 저자들이 당시 사람들

---

5) 제2 성전기 시대: B.C 516년에서 A.D 70년까지의 기간을 말한다. 이 시기는 유대교의 종교적, 사회적, 문화적 발전에 중요한 역할을 했으며, 예수 그리스도의 생애와 초기 기독교 형성에도 큰 영향을 미쳤기에 유대인 역사에서 중요한 시대 중 하나이다. 이 시대의 종교적, 정치적, 문화적 배경을 이해하는 것은 신약성경과 초기 기독교 역사, 그리고 유대교의 발전을 이해하는 데 필수적이다.

영해를 대적하는 바이블 리터러시

에게 널리 퍼져 있던 이야기들을 사용해 복음의 진리를 더 드러냈다고 이해하는 것이다. 그런데 최근에 뭔가 새로운 자극을 원하는 성도들의 욕구와 맞물려 성경 이외의 문헌들에 지나친 관심을 보이는 기이한 모습이 나타나고 있는 것은 심히 우려스럽다. 어느 한국의 문학책에 심청이 얘기가 나온다고 해서 심청이가 실존 인물이고 심청이가 빠진 인당수는 어디이며 용왕이 실제 존재했다고 주장하는 일이 벌어진다면 황당한 일이 아닌가? 이와 마찬가지로 이미 역사 속에서 위경으로 판명된 책들을 가지고 성도들을 현혹하는 것은 심각한 문제이다.

초대교회 시대에도 당시 영지주의와 변형된 유대주의 사상이 퍼져 나갔고, 사람들이 제각기 예수 그리스도에 대한 생각을 하게 되었다. 그때 초대교회 교부 이레니우스(140-203)는 이단 논박을 쓰면서 "교회 전체가 보편적으로 받아들이는 해석만이 최고의 권위다"라는 걸 강조했다. 말초신경을 자극하는 선동적인 가르침으로 사람들을 끌어모으는 단체나 이단을 각별히 조심해야 할 것이다.

제2장

이단 이해의 지문

1. 역사를 통해 보는 이단

  역사의 특징 중 하나가 '역사는 반복된다'라는 것이다. 그러므로 역사를 되풀이하지 않으려면 역사가 주는 지혜를 무시해서는 안 된다. 오늘날 우리가 겪는 문제 중에는 처음 경험하는 일들도 있지만 과거의 역사 속에서 이미 경험했던 비슷한 예들도 많다. 우리가 살펴보고자 하는 교회의 분열, 이단의 문제도 마찬가지다. 따라서 현재의 문제를 대할 때 '오늘 내가 직면하는 문제를 선배들은 역사 속에서 어떻게 대처했는가?'를 진지하게 공부하며 지혜를 얻어야 한다.

  하나님은 왜 이단을 허용하셨을까? 시간이 흐르고 기독교가 성장하면서, 이교, 그리스철학, 영지주의 등과 같은 반대되는 신념 체계와의 충돌이 점차 증가했다. 이렇게 새로운 이단이 등장할 때마다 교회는 기독교의 핵심 교리를 정교하게 다듬어야 했으며, 이 과정에서 많은 신학적 논쟁이 일어났다. 학자들은 성경을 더욱 깊이 탐구하게 되었고, 자연스럽게 기독교의 기반 또한 더욱 견고해져 갈 수 있었다. 목창균은 그의 저서 『이단 논쟁』에서 이단이 교회에 가져온 긍정적인 기능을 다음과 같이 설명한다.

영해를 대적하는 바이블 리터러시

첫째, 이단은 정통 교리의 형성에 촉매 역할을 했다.

둘째, 교리에 대한 신학적 관심을 불러일으켰다.

셋째, 이단의 도전은 형식적이고 생기 없던 교회에 긴장과 활력을 불어넣는 계기가 되었다.[6]

이처럼 이단의 출현은 교회로 하여금 성경의 메시지나 교리 가운데 혹시 간과했거나 오해했거나 무관심했던 것을 되돌아보게 해 주는 긍정적 기여를 하였던 것이다. 필자 역시 이단들의 교리나 주장들에 대해 관심을 가지다 보니, 그동안 무심히 지나쳤던 주제나 성경 교리들에 대해서 더 정확하고 깊이 알아야겠다는 자극을 받을 수밖에 없었다. 이렇게 하나님은 모든 것을 합력하여 선을 이루시는 분이시다.

이뿐만이 아니다. 대부분의 모든 이단은 전도에 열심을 내며, 충성심이 남다르다. 이것을 보며 진짜 복음을 소유한 이 땅의 교회들이 자극받기도 한다. 오늘날 한국 사회에 많은 이단과 사이비들이 활개를 치는 것을 보며 한국교회는 어떤 도전을 받아야 할까? 책의 후반부에서 교회들이 회복해야 할 바이블 리터러시를 다루어 보고자 한다.

이제 역사 속에 나타났던 구체적인 이단들을 살펴보고자 한다. 과거의 이단들을 살펴보다 보면 오늘날 나타나는 이단들이 전혀 생뚱맞은 이단이 아니라 이전에 나타났던 이단이 살짝 옷만 바꿔 입고서 사라졌다가 나타나기를 반복하고 있다는 것을 쉽게 발견하게 된다. 이제 역

---

6) 목창균, 『이단 논쟁』(서울: 두란노서원, 2019), 24.

사 속으로 들어가 이단의 흔적들을 살펴보기로 하자.

이단의 근원을 거슬러 올라가다 보면 가장 기본적으로 만나게 되는 시대가 교부 시대라 일컬어지는 주후 1-5세기이다. 교부는 사도들의 뒤를 이어서 기독교회의 기초를 세우고 기독교 교리의 발달에 중요한 역할을 한 사람들을 일컫는 말이다. 이 당시는 이단과 기독교 가르침이 부딪치던 시대이다. 따라서 기독교의 정체성을 유지하는 것이 시급했고 핵심 교리를 계발하고 지켜 내는 일이 무엇보다 시급했다.

「디다케」에 묘사된 1세기 말에서 2세기 초대교회의 모습을 보면 그 가르침이나 의식이나 조직이 매우 유동적이고 소박하고 과도기의 모습을 보이고 있는 것을 알 수 있다. 소박한 생동력이 있었지만 무질서와 혼란 또한 있었다. 거짓 은사자, 거짓 전도자, 잘못된 종말 신앙 또한 존재했다. 이때 속사도 교부[7]들은 신약성경의 저자들과는 다르지만, 종종 사도들과 직접적이거나 간접적인 연결고리를 가진 인물로, 초기 교회의 교리와 전통을 형성하는 데 중요한 역할을 했다. 이 시기의 교부들은 신약성경 이외의 초기 기독교 문서들을 저술하며, 교회의 신학, 규율, 그리고 도덕을 정립하는 데 기여했다. 주로 기독교의 내부적 문제들인 순교, 이단, 분파, 성경해석, 예전 등을 취급하였다.

반면에 변증가들은 기독교를 공격하는 이교적 정치지도자, 이교적 철학자 및 유대교 지도자들에 대항하여 기독교의 정당성과 탁월성을

---

7) 속사도 교부(Apostolic Fathers)는 신약성경을 기록한 사도들의 죽음 이후, 주로 1세기 말부터 2세기 초에 활동한 초기 기독교 지도자들을 가리킨다. 주요인물로는 클레멘트 1세(Clement of Rome), 이그나티우스(Ignatius of Antioch), 폴리캅(Polycarp of Smyrna), 헤르마스(Hermas) 등이 있다.

영해를 대적하는 바이블 리터러시

변증했다. 이들은 주로 희랍철학의 용어와 사상을 빌려서 변호했는데 순교자 저스틴(100-167)과 이레니우스(AD 130-200)가 유명하다. 이레니우스는 2세기 초대교회의 조직신학자와 정통적 성서 신학자로 불리며, 폴리캅의 가르침을 받고 후에 『이단 논박』을 저술한다. 이 책의 서론에서 이레니우스는, 어떤 사람들이 진리를 거부하고 거짓 이야기들과 허황된 족보들을 퍼뜨리며 논쟁만 일으킨다고 지적한다. 그는 이들이 교묘한 웅변술을 사용해 경험이 부족한 사람들을 미혹시키고, 단순한 사람들을 속여 그들의 신앙을 파괴한다고 경고한다.[8]

여기에 이레니우스가 이단을 보는 관점이 나타나는데 그는 초대교회의 전통적 통일성, 즉 당시 교회들이 표준으로 삼고 있던 교리에서 이탈한 것을 이단으로 간주하고 있다. 그의 저작은 영지주의와 같은 이단사상에 대한 중요한 반박 자료로 활용되었으며 초기 기독교 교리와 신학의 발전에 큰 영향을 미쳤다. 이렇게 초기 교회와 교부 시대는 이단들과 싸우는 과정에서 교리를 체계화하고 기독교 신학을 정립한 시대이다.

8)   김명혁, 『초대교회의 영성』(서울: 성광문화사, 1995), 104.

2. 마르시온과 그 후예들

마르시온의 사상

마르시온은 85년경에 태어나 160년경에 사망한 것으로 알려진 초대 교회의 영지주의자 중 한 명으로, 기독교 역사에서 중요한 인물이다. 주교의 아들로 태어나 로마에서 교사로 일하던 그는 영지주의 지도자였던 케르도와의 인연을 통해 영지주의에 깊이 빠지게 되었다.

마르시온은 구약의 하나님과 신약의 하나님이 다르다고 주장했다. 그는 구약의 하나님을 잔인하고 변덕스럽고 전쟁을 좋아하는 나쁜 신으로, 신약의 하나님을 선하고 사랑 많으며 자비로운 신으로 보았다. 이로 인해 마르시온은 구약을 멀리하고 신약만 하나님의 말씀으로 받아들이게 되었다. 그러나 신약성경에는 구약의 말씀이 많이 인용되었기 때문에, 마르시온은 신약도 다 받아들이지 않고 누가복음과 열 개의 바울 서신만을 인정하게 되었다.

마르시온의 이러한 주장은 초대 교회에서 큰 논란을 일으키며 이단으로 간주되었다. 그러나 그의 도전은 성경 정경 확립 과정에 중요한

영해를 대적하는 바이블 리터러시

역할을 했으며, 이후 영지주의와 다른 이단들에 큰 영향을 미쳤다. 마르시온의 사상은 오늘날에도 기독교 신학과 역사에서 중요한 논의 주제로 남아 있다.

순교자 폴리캅은 마르시온을 '사탄의 맏아들'이라고 비판했다. 발렌티누스가 성경을 궤변으로 왜곡했다면, 마르시온은 성경을 자신의 잣대로 난도질한 인물이었다. 구약의 하나님을 잔인하고 폭력적인 신으로 보고, 신약의 하나님과 다르다고 주장했다. 이러한 마르시온의 사상은 기독교 교회에 큰 위기를 초래했으며 마르시온의 구약 거부는 기독교 공동체가 구약의 중요성을 재확인하고, 기독교 경전을 확립하는 과정에 영향을 미쳤다.

영지주의는 마르시온을 포함해 기독교와 이단 모두에 큰 영향을 미쳤다. 3세기 말에 이르러 대부분의 마르시온파 교회들은 마니교에 융합되었고, 그 영향은 상당 기간 지속되었다. 현대의 이단들도 영지주의 사상에서 많은 아이디어를 얻어 사용하고 있으며, 이로 인해 이단들은 영지주의자들에게 큰 빚을 지고 있는 셈이다.

마르시온주의의 오늘날 영향

마르시온의 사례는 오늘날의 교회에도 관련이 있다. 마르시온과 최근의 많은 이단들에게서 공통적으로 볼 수 있는 특징이 있다.

첫째는 성경에서 역사성을 제거하고 성경의 연속성이나 언약의 점진적 성취를 무시한다는 것이다. 쉽게 말해, 그들은 성경(복음)을 아무 역사적 맥락도 없이 하늘에서 뚝 떨어진 발명품이나 작품으로 보려 한다. 역사가 필립 샤프(Philip Schaff)가 마르시온을 비판했던 것처럼, 그들은 하나님을 수천 년 동안 세상에 무관심하다가 그리스도 안에서 갑자기 나타나신 분으로 잘못 이해하고 있다.

두 번째로는 사랑의 하나님과 공의의 하나님을 대립되는 개념으로 이해하는 것이다. 뉴욕타임스가 선정한 베스트셀러 『만들어진 신』에서는 구약의 하나님을 부정적으로 묘사한다. 이 책은 하나님을 질투심 많고 용서할 줄 모르는 지배자로, 공정하지 못하고 속 좁은 신으로 그리며, 앙심을 품은 피에 굶주린 인종 말살자라고 묘사한다. 또한, 여성과 동성애를 혐오하고, 인종차별주의자이자 유아 살해자, 대량 학살자, 자식 살해자, 역병을 일으키는 자, 권력을 탐하는 자, 가학적으로 자기를 학대하는 자, 변덕스럽게 악의에 가득 차서 괴롭히는 자로 묘사한다.[9]

그렇다면 왜! 마르시온의 사상이 사람들에게 매력적으로 보였을까? 그것은 하나님의 도덕성에 대해 맹렬한 공격을 퍼부을 수 있기 때문이다. 이러한 접근은 포스트모더니즘 시대의 사상과 잘 맞아떨어진다. 이단들은 기성교회를 숙주로 삼아 기생하며, 기성교회의 어두운 면을 자신들의 생존에 유리하게 사용한다. 그들은 교회를 공공의 적으로 만들어 공격하고, 교회 비판의 동조 세력까지 자신들의 추종자로 끌어들여 일거양득의 기회로 삼는다.

---

9) Richard Dawkins, *The God Delusion* (Boston: Houghton Mifflin, 2006), 31.

3. 에비온파와 그 후예들

성격

에비온파는 기독교의 유대주의화를 주장했던 이단으로서 예수 그리스도가 메시아임을 인정함과 동시에 구원을 위해서는 모세의 율법을 지켜야 한다는 입장을 고수한다. 이들은 사도행전에서 '할례당'으로 알려진 그룹으로 복음과 율법을 구원의 두 가지 필수요건으로 주장하였으며 이들이 훗날 에비온파를 형성하게 된다.[10] 이들은 유대주의 기독교 이단으로서 주후 2세기에서 4세기까지 팔레스타인과 그 인근 지역에서 존재했다.

에비온파의 사상

에비온파는 예수를 메시아로 인정하면서도 예수의 신성을 유대교의 유일신 신앙과 일치시키는 것을 거부하였다. 그들은 예수 그리스도

---

10) 서춘웅, 『교회와 이단』(서울: 크리스챤서적, 2010), 97.

를 보통의 인간보다는 영적으로 우월하고, 모세와 같은 선지자로서 강력한 성령의 은혜를 입은 사람으로 보았다. 이는 삼위일체에서 말하는 예수님이 하나님이라는 개념과는 달리 예수를 탁월한 랍비, 참선지자, 뛰어난 피조물, 신의 자리에 높임을 받은 인간 정도로 이해한 것이다. 에비온파의 교리는 정통 교회와 배치되었으며, 그들의 주요 주장은 다음과 같다.

첫째, 에비온파는 예수가 다윗 왕의 후손이며 최고의 입법자인 메시아로 인정하면서도, 완전한 하나님이 아닌 인간으로서 요셉의 씨로 인해 태어났다고 믿었다.

둘째, 그들은 할례, 안식일, 정결법 등의 율법을 철저히 준수해야 구원을 받을 수 있다고 주장했다.

셋째, 에비온파는 변형된 마태복음만을 권위 있는 성경으로 사용하고, 바울을 '율법에 대한 배교자'로 보며 그의 사도직과 서신을 거부했다.

종교개혁자들과 그 이후의 정통신학자들은 유대주의의 망령들과 싸워야 했다. 유대주의가 이교주의와 함께 중세 로마 가톨릭 교회의 교리 체계를 구성하는 중요한 교리적 토대가 되었기 때문이다.

오늘날에도 교회는 유대주의의 망령들을 분별하는 일에 깨어 있어야 한다. 최근 안식일이나 절기에 대한 관심이 부쩍 많아지고 있으며, 이들은 자신이 본질과 정신을 제대로 지키는 단체인 양 추종자들을 모으고 확장해 가고 있다. 이스라엘이나 유대인들과 연결된 것이라면 무조건 전통적이고 가치 있는 것으로 여기는 실수를 반복해서는 안 된다. 이를 이용하려는 이들은 종교와 정치를 무분별하게 혼합해 마치 자신들이 하나님의 군대이자 하나님의 사명을 수행하는 양 교회를 선동하기도 한다.

4. 시오니즘과 이스라엘 민족주의 운동

시오니즘

시오니즘은 19세기 후반에 시작된 유대인 민족주의 운동으로, 유대인들이 고향인 팔레스타인 지역에 다시 정착하고 국가를 건설하는 것을 목표로 했다. 이 운동은 유대인들이 역사와 정체성의 근거로 삼았던 신학의 일부를 버리게 했고, 대신 민족주의적 세속사에 집중하게 만들었다. 이로 인해 유대인들은 모세오경의 계시와 그 의미를 무시하게 되었고, 또한 바울 역시 예수님을 주와 그리스도로 주장하는 신학을 정리한 인물로 미워하게 되었다.

이스라엘 민족주의 운동

이스라엘 민족주의 운동은 현대에 들어 더욱 활발해졌다. 특히, 1967년 예루살렘이 이스라엘의 통치하에 들어온 이후, 이스라엘 민족주의자들은 대체 신학을 폐기해야 한다고 주장한다. 여기서 대체 신학이란

영해를 대적하는 바이블 리터러시

혈통적 이스라엘의 회복을 주장하는 사람들의 입장에서 설정한 용어를 말한다.

이스라엘의 회복을 주장하는 사람들은 성경 어디에도 교회가 이스라엘을 대체했다는 말이 없다고 강조하며, 예수 그리스도의 십자가로 인해 유대인과 이방인의 구별이 없어졌다는 사실 또한 무시한다.

주요 쟁점 요약

첫째, 유대인들은 신학보다는 역사를 중심으로 하여 민족주의적 세속사로 변환하였다. 이는 유다이즘의 본질을 잃게 만들었고, 바울과 같은 인물을 미워하게 만들었다.

둘째, 이스라엘 민족주의자들은 1967년 이후 대체 신학이 폐기되어야 한다고 주장한다. 이들은 교회가 이스라엘을 대체했다는 개념을 거부하며, 예수 그리스도의 십자가로 인한 유대인과 이방인의 통합을 인정하지 않는다.

셋째, 이스라엘 민족주의자들은 아브라함의 혈통을 강조하며, 신약교회가 새로운 하나님의 이스라엘이라는 사실을 받아들이지 않는 경향이 있다. 이는 그들이 대체신학이라는 용어를 편협하게 사용하는 이유 중 하나이다.

시오니즘과 이스라엘 민족주의 운동은 유대인의 역사와 정체성을 재정립하는 과정에서 중요한 역할을 해 왔으나, 그 과정에서 신학적 논란과 갈등을 야기하였다. 현대 교회는 이러한 역사적 배경과 신학적 논쟁을 이해하고, 성경 전체의 스토리와 예수 그리스도의 역할을 바르게 인식하는 것이 중요하다.

최근 한국에도 유대의 절기를 지켜야 한다고 주장하고, 심지어 음식법이나 제사법까지 다 지켜야 한다고 나서는 이들이 생겨나고 있다. 그들은 또한 지정학적 이스라엘의 회복에 중점을 두고 임박한 재림을 해석해 간다. [11]

사도행전 1장 6-7절을 보면 예수님께서 온통 이스라엘 나라의 회복에만 관심이 있는 무리들에게 "…때와 기한은 아버지께서 자기의 권한에 두셨으니 너희의 알 바 아니요"라고 말씀하시는 장면이 나온다. 예수님께서 부활 후 40일 동안 관심을 갖고 전파하신 것은 유대인의 이스라엘 나라가 아닌 '하나님 나라'였으며 사도바울이 마지막까지 끝까지 담대하게 전파한 것도 이스라엘이 아닌 '하나님 나라'였음을 알 수 있다. (행 1:3, 행 28:31)

교회와 성도들은 허세를 좇지 말고 현재 섬기는 그 교회에서 충성하고, 소속된 교회의 목회자를 통해 말씀을 잘 배우고, 지역교회를 통해 사랑과 선교를 실천하기를 힘써야 한다. 그렇게 해야 불건전한 가르침이나 이단 사이비 단체들이 점점 설 자리를 잃어버릴 것이다.

---

11) 참조: https://www.reformedtoday.net/news/articleView.html?idxno=1289

영해를 대적하는 바이블 리터러시

5. 몬타누스와 그 후예들

몬타누스주의는 156년경 몬타누스라는 인물에 의해 시작되었다. 본래 이교도였던 그는 155년경 기독교로 개종하여 침례를 받았다. 몬타누스는 자신의 생애에 대해 알려진 바가 많지 않지만, 하나님으로부터 직통계시를 받는다는 프릭스길라와 맥시밀라를 사제로 세우고 자신들을 성령의 대변인이라고 주장했다.

2세기 중엽, 소아시아 교회들은 사도들이 죽은 후 점차 세속화되었고 종말에 대한 기대도 점차 사라지고 있었다. 이때 몬타누스주의자들은 소아시아 교인들을 중심으로 등장하여 기존 교회를 열정이 없는 메마른 곳이라고 비난했다. 그들은 이적을 행하고 미래를 예언하며 직통계시의 중요성을 강조함으로써 기독교 신앙에 새로운 역동성을 불어넣었다. 또한 극단적인 금욕, 결혼 거부, 자발적 순결 등 극도의 도덕적 엄격성을 강조했으며, 페푸자(현재의 시리아, 이란, 터키가 만나는 지점)가 새로운 예루살렘이 될 것이라고 선포하며 다가올 천년왕국을 기대했다. 이는 당시 교회에 여전히 남아 있던 재림에 대한 기대를 되살리는 긍정적인 측면도 있었다.

그러나 몬타누스주의에는 심각한 문제점도 있었다. 복음의 풍성함을 희석시키고 행위와 업적 중심의 구원론을 강조한 것이다. 직통계시와 극단적인 시한부 종말론, 교회 분파주의를 주장하는 몬타누스주의자들은 정통 교회에 의해 이단으로 추방될 수밖에 없었다. 당대 가장 탁월한 라틴 신학자였던 터툴리안의 지지까지 얻은 것을 보면, 몬타누스주의가 그 당시 많은 논란을 불러일으켰음을 알 수 있다.

몬타누스주의는 오늘날 신사도적 운동과 유사하다. 몬타누스주의자들이 하나님의 계시가 끝났다는 것을 알지 못했던 것처럼, 신사도적 운동을 하는 이들도 끊임없이 개인의 직통계시에 기반한 예언을 양산해 내고 있다.

당시 몬타누스주의자들이 실망했던 교회들의 모습은 영적 침체와 형식적인 종교의식에만 집중하고, 교회의 권위적인 구조가 성령의 자유로운 역사를 막고 있으며, 도덕적으로 느슨해지고 세속화되어 가는 모습이었다. 이는 오늘날 교회에서도 종종 볼 수 있는 현상이다. 이러한 상황에서 성령 사역, 예언 사역, 치유 사역에 대한 관심이 높아지며, 이단들은 그 열기에 편승하여 사람들의 영혼을 미혹하고 있다.

따라서, 오늘날에도 경계해야 할 집단 중 하나가 '신사도 운동'이다. 그들은 오늘날에도 사도와 같은 인물들이 등장할 수 있다고 주장하며, 이 인물들이 받는 직통계시가 기록된 성경과 동등하거나 그 이상의 영향력을 지닐 수 있다고 주장한다. 이는 매우 위험한 주장이다.

6. 도나투스파(Donatism)와 그 후예들

도나투스 논쟁은 4세기 초 북아프리카의 기독교 교회를 중심으로 일어난 중요한 교회 분열 사건이다. 이 논쟁은 디오클레티아누스 황제의 대박해가 끝날 무렵에 발생했으며, 도나투스파(Donatism)와 로마 가톨릭 교회 사이에서 주로 성례의 유효성과 교회 지도자의 도덕성에 관한 문제를 다루었다.

도나투스파의 주장

도나투스파는 성례(예를 들어 세례나 성찬)가 집행하는 사람의 도덕적 순결에 의존한다고 주장했다. 따라서 배교자가 집행한 성례는 유효하지 않다고 보았다. 그리고 교회는 성도들의 공동체여야 하며, 모든 멤버는 도덕적으로 순결해야 한다고 주장했다. 특히 박해 시절에 배교한 이들이 교회 지도자로서 자격이 없다고 보았다.

논쟁의 배경과 전개

박해 기간이 끝나고 배교했다가 돌아오는 이들이 생기기 시작하자, 교회는 이들을 어떻게 받아들일 것인가에 대해 강경파와 관용파로 의견이 갈라졌다. 도나투스파는 배교자가 집행한 성례와 배교자로부터 안수받은 주교를 인정할 것인가에 대해 강경하게 반대했다. 이로 인해 북아프리카 교회는 두 감독으로 분열되었고, 로마 교회가 캐칠리아누스(Caecilianus)를 지지하면서 도나투스파와 충돌하게 되었다.

어거스틴의 대응

이때 어거스틴은 성례의 거룩함은 집례하는 사제의 도덕성에 의존하지 않고, 성례를 제정하신 하나님의 거룩함에 의존한다고 주장했다. 그는 교회에는 알곡과 가라지가 함께 존재한다고 설명하며, 도나투스파의 주장을 반박했다. 도나투스파는 이를 받아들이지 않고 교회가 아니라, 세상이 알곡과 가라지가 있는 곳이라고 주장했다.

도나투스파의 문제점과 현대적 시사점

도나투스파는 박해 시기에 배교했던 성직자들이 집전한 성례전을 유효하지 않다고 주장했는데 이는 교회의 본질적인 신학적 기반을 흔드는 것이었다. 도나투스파는 캐칠리아누스의 주교직을 인정하지 않고, 별도의 주교를 세움으로써 북아프리카 교회를 분열시켰고 교회 내에서 심각한 갈등과 혼란을 발생케 했다. 분열된 교회는 외부의 박해와 내부의 갈등에 더 취약해졌고 교회의 선교적 사명과 영향력이 약화되는 결과를 가져왔다. 이들이 보였던 교리적 극단주의는 자신들만이 참된 교회를 이루고 있으며 자신들 외의 모든 교회는 부패했다고 보았기에 갈등의 골은 점점 깊어져 갈 수밖에 없었다. 결과적으로 이들의 모습은 교회의 정신에 반하는 것이었으며 교회 내의 갈등을 심화시켰기에 정통교회는 그들을 이단으로 규정했다.

오늘날에도 극단적인 분리주의 이단들이 존재하며, 이러한 이단들은 교회의 하나 됨을 해치는 위험한 주장들을 펼친다.

현대 교회의 경계

교리적인 문제로만 이단 문제를 접근하기 쉬운데 교회의 공동체성을 깨뜨리는 이단도 그 해악성에 대해 철저히 인식해야 한다. 이단들은 교리적 오류뿐만 아니라, 공동체의 신뢰와 연대를 무너뜨려 교회 전체를 분열시키는 결과를 초래한다. 예를 들어, 킹제임스 번역만을 진짜 성경으로 주장하거나, 특정 종말론적 견해를 신앙의 기준으로 삼아 본인들만 옳고 다른 교회들은 다 잘못되었다는 식의 주장은 교회의 하나 됨을 해치는 위험이 있다.

역사적 교훈

　역사 속에서 도나투스파와 같은 이단들의 예는 현대 교회에 중요한 교훈을 준다. 예를 들어, '윗트니스 리' 이단은 개신교와 천주교를 사탄의 도구로 보고, 자신들의 '지방교회'만이 참된 교회라고 주장했다. 결국 이들은 이단으로 평가받았다.

　도나투스파의 사례는 교회의 순결과 성례의 유효성 문제를 다루며, 현대 교회가 유사한 문제에 직면했을 때 어떻게 대응해야 하는지를 보여 준다. 이와 유사한 일들이 교회 주변에서 일어날 때 성도들은 먼저 자신이 몸담고 있는 교회에 대한 사랑과 존중의 모습을 가져야 한다. 나는 여기에 속해 있으니 나만 진짜다, 나와 저들은 다르다고 하면서 지나친 우월감을 갖거나 반기독교적인 어떤 경향성을 내면화할 때 사도들의 가르침에서 벗어나게 되고 이단성을 갖게 된다. 이런 우월감이나 교만한 마음은 그 싹부터 잘라 내는 것이 가장 좋은 예방이다.

7. 인터넷에서 부활하는 신사도 운동 아류들

신사도 운동은 20세기 후반과 21세기 초반에 등장한 개신교 내 특정 분파의 운동으로, 사도와 선지자의 직분 회복, 영적 전쟁, 기적적인 표적과 기사, 그리고 통치 신학(dominion theology)에 중점을 둔다. 초대 교회의 사도들은 '구사도'로, 마지막 때 하나님께서 세우시는 사도들은 '신사도'로 구분하는 이들의 주장은 전통적인 복음주의 신념과 뚜렷한 차이가 있다. 새로운 계시가 교리적 오류와 영적 남용을 초래할 수 있기에 이 운동은 심히 우려스럽다.

신사도 운동의 역사

이 운동의 뿌리는 1930년대 윌리엄 브랜햄에서 시작되었다가, 1990 년대 존 윔버 중심의 빈야드 운동으로 나타났다. 여기에 피터 와그너가 합세하며 본격적인 신사도 운동이 태동되었다. 피터 와그너는 초대교회 때 내려 주신 성령의 은사를 '이른 비'로, 마지막 때 내려 주실 성령의 은사를 '늦은 비'로 비유하며 성경에 없는 직통계시를 주장하였다.

주요 주장과 용어

신사도 운동은 왕의 군대, 요엘의 군대, 대부흥, 대적기도, 임파테이션 등의 용어를 사용하며, 사도적이고 예언적인 리더십을 강조한다. 영적 전쟁, 땅 밟기 기도, 영적 은사와 기적의 중요성을 강조하며, 하나님과 사탄의 대결 구도로 세상을 바라본다. 사회의 부패와 도덕적 타락, 자연재해까지도 사탄의 작용으로 보고 강력한 기도와 영적 전쟁을 강조한다.

일곱 산 정복 개념

이들은 종교, 가정, 교육, 정부, 미디어, 예술과 연예, 비즈니스 등 일곱 개 영역을 교회가 지배하고 정복해야 한다는 '일곱 산 정복' 개념을 강조한다. 이를 통해 예수의 재림을 앞당길 수 있다고 믿기에, 이들의 신학은 세대주의 종말론과 연결된다.

이단으로 규정된 신사도 운동

신사도 운동은 1949년 미국에서 이단으로 규정되었고, 한국에서도 2007년 고신과 2009년 합신에서 이단으로 규정되었다. 신사도주의자들은 성경이 1세기 사도들에 의해 기록된 하나님의 말씀이라면, 이 마지막 때에 하나님께서 일으키신 새로운 사도들에 의해 말씀을 직접 계

영해를 대적하는 바이블 리터러시

시하신다고 주장한다. 이는 성경 외에 다른 계시를 주장함으로써 사도적 신앙과의 단절을 초래하고, 이교적이고 주술적인 신앙 체계를 유포하는 것이다.

신사도 운동에 대한 비판

비록 신사도 운동이 자신들의 리더십과 사도성을 초대교회와 연결 짓고자 하지만, 많은 전통적인 교단과 신학자들은 이러한 주장을 비판한다. 신학자들은 신사도 운동의 사도적 권위 주장이 성경적 근거가 부족하고, 교회의 역사적 이해와 일치하지 않는다고 지적한다.

현대 교회의 경계

최근 온라인 미디어를 통해 신사도 운동의 영향을 받은 이들이 활발히 활동하고 있다. 이들은 특별한 경험을 찾아다니는 사람들에게 매력적으로 보일 수 있으나, 신사도 운동과 관련된 집회나 예배는 거절해야 한다. 종말론적인 음모론과 신사도적인 이단 사상을 주의해야 한다.

신사도 운동은 현대 기독교 교회와 신앙에 큰 도전과 위협을 주고 있으며, 교회는 이들의 주장을 경계하고 성경적 신앙을 지키기 위해 노력해야 한다.

8. 초기 교회들의 대응과
최근 교회들의 당면과제

초기 교회들은 신자들 사이에서 이런 이단사상이 독버섯처럼 번져 나가게 되자 부랴부랴 자신들이 믿는 신앙의 기준을 잘 세우고 기록을 해야겠다는 생각을 하게 되었다. 그 결과로 신조들이 나오게 되었다. 신조는 기본적인 기독교 교리를 요약하여, 신자들이 무엇을 믿어야 하는지 명확하게 표현한 고백이다. 이렇게 신앙의 선배들은 이단 교리가 나타날 때마다 성경적인 교리로 대응을 했다는 것을 알 수 있다. 사도신경, 니케아 신경, 콘스탄티노플 신경 등은 모두 이러한 배경에서 생겨난 신조들이다. 초대교회는 이단 사상의 출현으로 인해 성경적 진리와 교리를 수호하기 위해 효과적이고 체계적인 교육 체계를 시작하였다.

리옹의 이레네우스(Irenaeus of Lyons)는 2세기 후반에 이단과의 싸움에서 특히 중요한 역할을 했던 인물이다. 그는 『이단 논박』이라는 책을 써서 우후죽순처럼 늘어나는 이단을 경계하였고, '목회의 사도적 계승'이라는 주장을 통해 교회의 지도자들이 사도들로부터 직접 또는 간접적으로 그 권위를 이어받는다는 개념을 발전시켰다. 이단들이 난립하고 거짓 교리들이 이곳저곳에서 우후죽순처럼 번져 가던 당시의 시대적 상황을 고려할 때 분명한 기준과 지침은 꼭 필요했고 이레니우스의 이런 노력 덕분에 교회는 진정한 교리와 성경적 가르침을 유지할 수 있었다.

필자는 서두에서 역사는 반복된다고 언급했다. 이단이 난립하는 작금의 한국교회 상황에서 이 시대의 목회자와 교회들도 초대교회 시대처럼 바른 성경 교육과 건전한 교리 교육에 앞장서야 한다. 칼빈이 "하나님의 교회는 교리 교육 없이는 유지될 수 없다"라고 말했듯이, 교회의 교리 교육은 아무리 강조해도 결코 지나치지 않다. 목회자와 성도들은 교회의 권위를 회복하고 성경과 교리 교육에 시간과 열정을 들여야 할 것이다.

제3장

이단 이해를 바라보는
새로운 눈

1. 프레임 전쟁

프레임 전쟁이란 말을 들어 본 적이 있을 것이다. 싸움 현장에서 우월한 현장 전술도 필요하지만 누가 프레임을 더 잘 구성하고, 누가 더 빨리 프레임을 선점하느냐에 따라 승패가 달라지는 경우가 많다. 실제로 프레임 선점(framing preemption)은 커뮤니케이션, 정치학, 마케팅, 미디어 전략 등 다양한 분야에서 매우 중요한 역할을 하고 있다.

프레임이란 '우리가 세상을 바라보는 방식을 형성하는 정신적 구조물'을 말한다. 이 프레임은 우리가 추구하는 목적과 우리가 짜는 계획, 우리가 행동하는 방식, 우리가 행동한 결과의 옳고 그름을 결정한다. 따라서 개인이나 집단이 어떤 프레임에 사로잡히는 순간 사람과 사건과 사물을 바라보는 눈이 바뀌게 된다. 프레임은 머릿속에 어떤 모델을 만들어 사물의 패턴을 보게 하고, 사건의 전말을 예측하고, 새로운 상황에 대처하게 한다. 우리가 삶 속에서 소통이 안 되는 이유들을 가만히 들여다보면 서로가 어떤 한 사건이나 사물을 바라보는 프레임이 달라졌기 때문일 때가 많다.

이단들과 소통이 안 될 수밖에 없는 이유도 역시 이 프레임이 바뀌어

영해를 대적하는 바이블 리터러시

버렸기 때문이다. 그냥 피상적으로 성경구절 하나를 다르게 해석하는 입장의 차이가 아닌 것이다. 이단들은 바로 이 부분이 중요하다는 것을 알기에 새로운 신자가 포섭되면 최대한 모든 시간과 에너지를 프레임 형성에 집중한다. 그렇기 때문에 교회들은 이단들의 현란하고 거짓된 주장들을 일일이 대응하는 것만 가지고서는 그들을 방어하는데 한계를 가질 수밖에 없다. 그들의 잘못된 프레임을 먼저 파악하고 그 프레임을 공략해야 승산이 있다.

사람들은 흔히 이렇게 말한다. "아니, 어떻게 고등교육을 받고 배울 만큼 배웠다는 사람이 저렇게 엉성하고 허접하고 형편없는 이단에 빠질 수 있는가?" 그러나, 그것은 이단 바깥에 있는 사람들의 프레임으로 보았을 때 그렇게 보였을 뿐이다. 이단 내부에서 작동하는 프레임 안에서는 당연한 생각이고, 논리에 맞고, 전부를 걸고 따라야 하는 결론이 된다.

결코 사람의 학벌이나 지식이 진리를 보장해 주지 않는다. 이단을 다룬 시사 프로그램에서 이런 멘트가 나오는 것을 들었다.

"판사, 검사, 변호사, 의사, 교수 같은 사람들, 배울 만큼 배운 고위층 사람들, 지위고하(地位高下)를 막론하고 모든 사람들이 다 이단에 빠져들 수 있다."

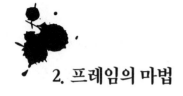

2. 프레임의 마법

  재미있는 일화가 있다. 한 소설가의 아들이 게임을 하는데, 화면에 'Fail'이라는 단어가 떴다. 소설가가 아들에게 그 단어의 뜻을 물으니, 아들은 "실패"라고 정확히 대답했다. 다시 아빠가 "실패가 뭐야?"라고 묻자, 아들은 "다시 하라는 거잖아"라고 말했다.

  대부분의 사람은 '실패'를 좌절, 절망, 실망, 끝이라고 생각한다. 하지만 이 아들은 게임을 통해 '실패(fail)'를 '다시 하라'는 신호로 인식한 것이다. 이 아들에게 실패란, 게임을 하다 보면 늘 만나게 되는 것이며, 'Fail' 사인이 뜨면 중단하고 다시 하면 되는 친숙한 신호였다. 이처럼 똑같은 말도 다른 시각에서 바라보면 의미가 전혀 다르게 나오는 것을 볼 수 있다. 다른 시각은 곧 다른 프레임이라고 할 수 있다. 이 아들의 '실패(fail)'를 바라보는 프레임이 바뀐 것이다.

  시각장애인이면서 미국의 고위관리직까지 역임했던 고 강영우 박사는 시각장애인인 자신으로 인해 자녀들이 혹시나 기가 죽을까 봐 오히려 더 많은 사랑을 표현했다고 한다. 그중의 하나가 자기 전에 불을 끈 상태에서 책을 꼭 읽어 주며 자녀들에게 꿈을 키워 준 것이었다. 훗날 그의 자녀는 대학에 입학하기 위한 에세이를 쓸 때 "우리 아빠는 다른 아빠들과 달라서 캄캄한 어둠 속에서도 우리에게 책을 읽어 줄 수 있었다"라고 썼다. 장애를 가진 아버지가 보여 준 꿈과 희망을 담은 이 이야기는 면접관들을 감동시켰고, 자녀는 하버드에 당당히 입학하게 되었다. 약점이 강점이 될 수 있다는 프레임의 전환이 이러한 감동을 만들어 낸 것이다.

1953년에 에드먼드 힐러리 경과 텐징 노르게이 경이 최초로 에베레스트를 정복했다. 그 후 25년 동안 에베레스트를 오르는 방법은 보조 산소통의 도움을 받아 해발 8,800m의 정상을 밟는 것이었다. 그래서 정상을 오르기 위해서는 산소통을 준비하고 베이스캠프를 설치한 후 수십 명이 일종의 피라미드를 만들어서 등반가가 정상에 이르도록 도와주는 방법이었다. 1953년 힐러리 경의 탐험에도 400여 명의 짐꾼이 동원되었다.

그러나 1953년 이후 등반 방식에 '알파인 방식'이라는 새로운 프레임이 나타난다. 이 방식에서는 텐트도, 침낭도, 음식도, 여분의 옷도, 다른 준비물도 필요하지 않았다. 단 여기서 핵심은 '속도'였다. 이 등반 방식이 가능했던 것은 인간이 아주 높은 고도에서도 짧은 시간 동안은 생존할 수 있다는 것에 착안했기 때문이었다.

기존의 원정대 방식을 사용하면 산소통과 준비물이 필요했지만, 그 대안인 알파인 방식을 사용하면 무거운 물건들을 모두 버리고 에베레스트로 질주할 수 있었다. 알프스의 동쪽 지역에서 자라난 하벨러와 메스너는 이 방법을 에베레스트 등반에 시도했고 성공하였다. 정상에 올랐다가 다시 돌아오는 데 고작 아홉 시간 조금 넘게 걸리는 기적 같은 일이 일어난 것이다.

오스트리아의 알프스 계곡에 살고 있는 하벨러는 자신의 성과를 회상하면서 그 결정적인 역할을 한 것은 '생각의 변화'였다고 밝혔다. 이전의 등반가들은 원정대 방식의 프레임만 유효한 것으로 받아들였는데 메스너와 하벨러는 다른 프레임을 가지고 에베레스트에 오른 것이다. 이들은 가장 높은 곳에 오르는 일은 수송 작전의 성취가 아니라는 것을 입증했다. 무엇이 가능한지 확인하고 새로운 프레임을 받아들였기 때문에 가능했던 결과이다.

이러한 것들이 다 일상에서도 아주 효과적으로 사용되고 있는 프레임의 예라고 할 수 있다. 정치에서, 기업의 광고에서, 생활 속에서 쓰이는 이러한 프레임 전략이 이단들의 포교에도 숨어 있다. 겉으로 드러난 현상만을 가지고 흥분할 것이 아니라 이단의 포교 속에 숨어 있는 프레임을 꿰뚫을 수 있는 힘을 길러야 할 것이다.

이단들은 자신들에게 유리한 운동장을 먼저 만들어 놓고, 그 기울어진 운동장에서 포섭한 자들을 마음껏 미혹하는 전략을 쓰고 있다고 할 수 있다.

영해를 대적하는 바이블 리터러시

3. 이단의 프레임이 무서운 예

오래전, 필자는 청년 시절 10여 년을 여호와의 증인이라는 이단에 빠져 있다가 목회자가 된 한 분의 책을 우연히 읽게 되었다. 그 책을 통해 이단의 사상에 한번 물드는 것이 얼마나 위험한지를 깊이 깨닫게 되었다. 오랫동안 필자의 기억 속에 남아 있는 간증들을 소개해 보자면 다음과 같다.

여호와의 증인에서 나와 참진리를 찾아 헤매던 한 형제가 자신의 고백을 남겼다. 그는 어디를 가든, 무엇을 하든 여전히 워치타워의 영향 아래에 있음을 느꼈다고 했다. 그는 "내 몸에 예수의 흔적이 아닌 워치타워의 센서가 작동하고 있다"고 표현하며, 여호와의 증인에 몸담았을 때 받은 영향이 얼마나 깊고 오래 가는지를 밝혔다.

여호와의 증인에 있었던 사람들은 워치타워에서 배운 잘못된 사상과 누룩을 과감히 버렸다고 생각하지만, 실제로는 그들의 사고방식이 여전히 그 틀 안에 갇혀 있는 경우가 많다. 이는 여호와의 증인뿐만 아니라 제도권 밖의 소수 이단들에서도 흔히 볼 수 있다.

여호와의 증인 조직을 떠났지만, 내면은 여전히 증인의 사상으로 가득 차 있다고 고백하는 한 자매의 이야기도 인상적이었다. 그녀는 여호와의 증인 조직을 나왔지만 내면은 여전히 증인의 것 일색이며, 여호와의 증인에서 배운 성서 이해와 하나님과 예수님에 대한 지식, 그리고 증인에서 가졌던 정체성이 여전히 여호와의 증인 시절의 영향 아래 있다고 고백한다. 몸은 조직을 떠났지만 이미 조직이 세뇌한 독이 퍼져 있기에 그 세뇌된 사고방식에서 빠져나올 수 없다는 것이다. 그녀는 절규하듯 이렇게 호소하고 있었다.

> "정말 이럴 수는 없습니다. 이처럼 모질고 끈질긴 것이 바로 이단의 사상이라는 것을 알아야 합니다."[12]

사상의 위험

마르크스의 유물론, 프로이트의 심리학, 니체의 초인사상은 기독교에서 가치 있다고 여기는 질서들을 사실상 부정한다. 이들은 기독교의 가치와 질서가 가진 자들, 즉 부르주아 계급이 자신의 이익을 위해, 혹은 체제를 유지하기 위해 대중을 억압하기 위해 만든 프레임이라고 주장한다. 그들은 이제 더 이상 그런 프레임에 속지 말고, 그동안 억압해 온 그 프레임들을 해체하고 저항하여 자유를 회복하라고 선동한다.

그들은 진정한 해방은 성해방과 함께한다고 말하며 이와 같은 예를 들어 선동한다. "저 아프리카 오지의 한 부족을 보라. 그들은 하나님도

---

12) 노요한, 『주님의 부르심』(서울: 예루살렘), 2010, 38.

모르고 교회도 모른다. 성적 억압이 없고 집단 성관계가 자연스럽다. 아버지가 누구인지 몰라도 잘 살고 있으며, 일부일처제나 가부장 제도가 없어도 오히려 자유롭게 살고 있다. 따라서 국가가 개입해서 결혼과 가정을 정의하고 법으로 통제해서는 안 된다."

이들의 철학은 사람들로 하여금 하나님의 창조 질서를 전혀 다른 프레임으로 바라보도록 만든다. 인간의 죄성을 무시한 채, 죄에 물든 인간의 본성에서 나오는 욕망을 자연스러운 것으로 미화시킨다. 그들은 기독교의 가치를 억압의 주체로 여기며 하나님의 창조 질서를 무시한다. 성경이 말하는 인간의 존엄성과 가치를 단지 해체해야 할 대상으로 여긴다.

이단의 공격에 맞서려는 이들은 먼저 프레임 싸움의 중요성을 깨달아야 한다. 이단 대처에는 예방이 최선이다. 마약은 쳐다보지도 말아야 하는 것처럼, 이단 역시 듣지도 보지도 말아야 한다. 이와 관련된 중요한 통찰이 있다.

> "선동은 단 한 줄의 문장으로도 가능하지만, 그것을 반박하려
> 면 수십 장의 문서와 증거가 필요하다. 그리고 반박할 때쯤이면
> 이미 사람들은 선동당해 있다."

이 통찰은 나치 독일의 선전 장관이었던 요제프 괴벨스의 말에서 유래한 것으로, 선동과 그 영향의 위험성을 잘 보여 준다.

이단의 프레임 공격

미국의 저명한 기독교 작가인 마이클 유세프(Michael Youssef, 74) 목사는 "오늘날 많은 교회가 온전한 복음을 가르치지 못하거나, 기독교 인에게 성경 지식을 갖추는 데 실패해 전 세계가 적그리스도에게 속는 발판을 만들고 있다"라고 질타했다.

이단들은 교회들이 허술하게 꽂은 깃발을 슬쩍 밀어내고 다시 자신 들에게 유리하도록 기울어진 운동장으로 사람들을 옮겨온 뒤 프레임 을 재구성하는 작업을 펼친다. 다음에 나오는 이단의 프레임 공격 유 형을 숙지하도록 하자.

이단들은 먼저 자신들의 해석과 교리를 펼쳐 가기 위해서 먼저 프레 임을 짜는 데 공을 들인다. 성경 공부라는 이름 아래 모여 자신들의 싸 움판을 다시 짜는 작업에 몰두하는 것이다. 신천지 이단의 경우엔 약 6 개월 동안 기초 성경 공부와 센터교육이 먼저 이루어지고 여기서 신천 지인을 양성한다.

이렇게 일정한 시간을 통해 기초 프레임을 형성하고 나면 그 프레임 위에서 성경의 주요 개념들을 자신들의 사상에 맞게 뜯어 맞추는 심화 작업을 한다. 이렇게 달라진 개념이 일단 사람들의 의식 속에 정착이 되고 나면 어떤 새로운 개념이나 사상이 주입되어도 이미 미혹된 사람의 머릿속에 새겨진 개념을 바꾸기 어려워지게 된다.

이단이 먼저 정의를 내려 주입시킨 잘못된 개념은 그 용어가 언급되면 언급될수록 미혹당한 이의 머릿속에서 점점 더 활성화되고 강해져갈 뿐이다.

예를 들어 보자. 만약 어떤 신자가 신천지를 통해 이 땅의 교회는 바벨론이라고 주입을 받았다면 성경을 읽거나 설교를 듣는 중에 바벨론 얘기가 나오면 성경 역사에 나오는 바벨론 제국이 아닌 신천지에서 배운 바벨론, 즉 구원이 없는 이 땅의 타락한 교회들을 자동적으로 떠올리게 된다는 것이다.

이렇게 한 사람이 이단의 프레임 속으로 들어가 버리게 되면, 계속해서 이단들의 프레임 안에서 성경을 보고, 세상을 보게 되는 것이니 무서운 일이 아닐 수 없다. 만일 어떤 프레임을 부정하려고 의식적으로 노력하면 할수록 그 프레임은 오히려 더욱 활성화되며 강해지는 특성이 있다.

아무리 진실을 이야기하고 전문가나 매스컴이 밝혀낸 자료들을 가지고 설득해도 믿으려 하지 않는 이단에 빠진 가족들이 있다면 빨리 상담을 받게 해야 한다. 잘못 형성된 프레임이 그들의 눈을 가리고 올바른 판단의 기능을 마비시킨 것이니 전문적인 접근이 필요하다.

이렇게 이단들은 빈약하기 그지없는 엉성한 교리들을 갖고 있지만, 그에 비해 잘 짜인 프레임을 가지고 싸움판에 등장한다. 반면 교회들은 심오하고 탁월한 성경이라는 무기를 지니고 있지만 그 복음을 담아

낼 좋은 프레임이 덜 준비되었다. 교회들은 성경의 세계관이나 사상, 스토리들을 잘 담아낼 프레임에 대해서도 고민해야 할 것이다.

4. 이단의 프레임 전략

이단의 프레임 전략은 다음과 같은 삼 단계를 거친다.

1단계: 용어를 바꾼다

"용어를 정의하는 사람이 세계를 다스린다."
– 존 로크

어느 날 교회를 나오던 한 청년의 입에서 '대체 신학'이라는 용어가 튀어나왔다. '제3 성전', '새 예루살렘'이라는 용어도 흘러나왔다. "언어가 곧 그 사람"이라는 말도 있는 것처럼 목회자들은 이런 용어가 성도들의 입에서 나오는 것을 무심히 지나치면 안 된다. 그 사람이 쓰는 언어에 그 사람의 사상과 사고체계가 담겨 있기 때문이다. 그렇지 않아도 교회 청년의 신앙에 변화가 일어나고 있다는 것을 눈치채고 있었는데 이제 그 청년이 더 이상 숨기지 못하고 언어 속에서 자신의 변화를 표현해 버린 것이다.

새로운 프레임은 새로운 언어를 필요로 하기에 이단들은 끊임없이 자신들의 사상과 교리를 담아낼 새로운 언어를 만들고 있다. 이들은 기존의 언어를 해체하고 새로운 개념을 집어넣어 기존 교회들이 가르치는 많은 개념을 변경하거나 뒤집어 버린다.

대화를 통해 알아낸 청년의 변화는 이러했다. 이스라엘을 자주 왕복하고 북한선교에 관심을 가지던 이 청년은 이스라엘 민족주의 운동에 연관된 선교단체에 푹 빠져 버렸다. 그 선교단체에서는 기존의 교회 신학을 '대체 신학'으로 보고 있었다. 대체 신학은 기존의 신학적 관점을 반대하는 입장에서 만들어 낸 용어이기에 이 입장에 서 있는 사람들은 당연히 기존의 교회나 목회자들의 가르침과 부딪힐 수밖에 없다. 쉽게 얘기하자면 이들이 기성교회를 보고 역사를 보고 사역(Ministry)을 바라보는 프레임이 전혀 다른 것이다.

대체 신학이란 말은 유대인 공동체나 친유대인 기독교인들이 만들어 낸 용어로써, 교회가 이스라엘을 대체했다는 관점에 반대한다.[13] 이런 자신들의 입장에서 부정적인 맥락을 갖고 사용하는 용어라 할 수 있다. 이 주제에 대해 물론 많은 신학적 이견이 있을 수 있다. 하지만 이런 입장에 서 있는 단체들의 일방적 프레임에 세뇌되게 되면, 이런 신학의 기반 위에서 교육하는 이 땅의 교회들은 눈이 가려져 있는 영적 소경집단이 되고 만다.

---

13) 그들의 말을 빌리자면 지금까지의 서구의 신학, 즉 오늘날 신학교에서 가르치는 모든 신학들은 이스라엘이라는 나라가 없는 동안에 만들어져 교육되었기 때문에 이제 어엿한 이스라엘이라는 국가가 존재하고 있는 지금에는 더 이상 맞지 않는 신학이라는 것이다.

영해를 대적하는 바이블 리터러시

한국에서도 한때 '백 투 예루살렘'이라든지 '알리야', '신사도 운동'이 이목을 끌며 사람들을 선동했던 적이 있다. 그들은 제3 성전이 건설된 후, 성전에서 예배가 다시 회복될 것으로 기대한다. 대환난 시기에 적그리스도가 성전에 들어가 자신을 신격화하는 '멸망의 가증한 것'을 세울 것으로 믿는다. 그들의 온통 관심은 엔드 타임(종말)에 맞춰져 있다.

하지만 지금까지의 교회 역사와 신학을 통째로 대체 신학으로 몰아붙이며 부인하는 이들이 결국은 교회의 선교 인력과 자원을 끌어다가 유대인들의 정치운동을 돕고 있다. 그들은 오랜 역사 속에서 다듬어지고 체계화된 정통신학을 송두리째 부정하며 자신들만 특별한 것처럼 주장한다. 이들의 이중성은 신학교의 신학교육을 대체 신학이라 비판하면서도 신학교에 거금을 기부하고 교회 청년들을 신학교로 보내고 있는 것을 보면 알 수 있다.

상식적인 생각으로는 잘못된 신학을 가르치는 곳에 자신의 사랑하는 청년들을 보내면 안 된다. 그 청년들이 신학교에 입학해 자신들이 그동안 비판해 왔던 대체 신학을 가르치는(그들의 입장으로 볼 때) 교수들의 수업을 어떤 마음으로 듣고 있을지 자못 궁금해진다. 신학교는 그들의 프레임을 다시 리프레임해야 하는 막중한 사명까지 하나 더 부여받았다고 할 수 있다.

예수 그리스도의 십자가로 말미암아 유대인과 이방인의 구별이 없어졌다. 아브라함의 혈통을 물려받지 못했어도 십자가를 통하여 탄생한 신약교회가 새로운 하나님의 이스라엘이 되었다고 성경은 말하고 있다.[14] 성경을 바라보는 이런 기본적인 구도에서 다른 의견을 갖고 있다면 이것은 단지 하나의 다른 의견이 아닌 신앙 전체가 달라질 수 있는 큰 문제라고 할 수 있다. 불신자와의 결혼이 단지 결혼 하나만의 문제가 아니라 인생의 모든 영역에 영향을 미치는 중요한 문제인 것처럼 말이다. 그래서 한 사람의 신학적 관점, 성경을 보는 프레임은 너무나 중요하다.

2단계: 프레임 재구성

이단들은 프레임을 재구성한다. 프레임 재구성은 이미 사람들이 가지고 있는 비슷한 생각들, 즉 이미 무의식적으로 믿고 있는 것에 접근하여 이를 의식의 수준으로 끌어올리고 그것이 일반 대중의 담론 속으로 들어올 때까지 재구성한 프레임을 반복 주입하는 것을 가리킨다. 이 일은 하루아침에 일어나지 않으며 부단한 반복과 집중과 헌신을 통해 이루어진다.

이단들은 이런 과정을 통해 끊임없이 신도들을 세뇌하고 일반 사람들을 유혹한다. 이단은 이렇게 프레임을 통해 철저하게 계획되고 의도된 교육을 함으로써 사람들의 의식과 무의식의 세계를 잠식해 들어간다. 그래서 이단에 빠진 사람은 도덕적 기준을 쉽게 내팽개치고 그 프레임에 점점 종속되어 가게 되는 것이다. 급기야는 가족과 친척, 자녀

---

14) "대저 표면적 유대인이 유대인이 아니요 표면적 육신의 할례가 할례가 아니라 오직 이면적 유대인이 유대인이며 할례는 마음에 할지니 신령에 있고 의문에 있지 아니한 것이라…." 롬 2:28-29.

영해를 대적하는 바이블 리터러시

와의 관계까지 한순간에 끊어내는 것을 서슴지 않는다. 제정신이면 상상도 못 할 일들이 이단 생태계 안에서는 자연스럽게 벌어지는 것이다.

이단은 자신들의 교리를 계속 기존 성도들을 꾀어내기 위한 상품으로 변모시키면서 진화해 가고 있다. 이때 교회는 어떤 대안을 준비하고 있는가? 만일 기업이 제품의 우수성만을 자랑하며 상품 개발에 게을리한다면 미래가 없는 기업이다. 기업들이 처음에는 제품의 우수성만을 갖고 경쟁하지만, 거기에 안주하지 말고 계속해서 그 제품을 어떻게 상품화시킬 것인가에 대해서도 전략을 세워야 한다.

마찬가지로 교회들 역시 우수한 제품을 가진 데서 만족하지 말고 그 제품을 어떻게 상품화하여 소비자들 손에 잘 전달해 줄 수 있을지를 고민해야 한다. 교회들은 지금부터라도 좋은 프레임을 만들어 성도들이 성경을 바르게 보는 틀을 갖출 수 있도록 체계적으로 도와야 할 것이다.

이단을 경계하자는 슬로건만으로는 근본적인 해결이 안 된다. 잘 개발된 성경의 프레임과 세계관 교육으로 이단에게 틈을 주지 않아야 한다. 아울러 이미 생긴 틈들은 다시 정신을 차리고 메꾸어 가야 할 것이다.

3단계: 싸움의 룰 변경

한국교회 이단들이 공통적으로 주장하는 것 가운데 대표적인 것이 '비유'이다. 이들은 하나같이 "성경은 비유(비사, 상징)로 기록되어 있다"라고 주장하고, 성경을 자의적으로 해석하기를 시도한다. 이는 성경을 자기 마음대로 해석하기 좋도록 '판'을 마련하려는 목적이 있기 때문이다.

그들은 주장하기를 하나님께서 선지자들에게 이상을 보여 주셨으며 또 비유로 말씀하셨다고 말한다. 성경에 '비유'라고 하는 단어가 들어간 호세아 12:10, 마태복음 13:34-35 등과 같은 몇몇 본문들을 인용하면서 마치 성경 전체가 비유로 되어 있는 것처럼 사람들을 미혹한다.

신천지의 이만희 교주는 여기에서 한 걸음 더 나아가 이 비유를 풀어야 천국에 들어갈 수 있다고 주장한다. 이 비유 풀이를 구원의 조건에까지 연결시켜서 엉뚱한 주장을 하는 것이다.

이들이 이처럼 '비유 풀이'에 목을 매는 이유가 무엇일까? 대답은 너무나 간단하고 분명하다. 첫째, 성경을 자기 마음대로 해석하기 위함이다. 둘째, 자신이 이 시대의 구원자로 등장하기 위함이다. 성경을 비유로 풀지 않고서는 이단 교주들이 절대로 '하나님', '메시아', '재림주'가 될 수 없기 때문이다. 왜 이단들이 '비유'를 강조할 수밖에 없는지 다음의 두 성경 구절이 좋은 예이다.

> "그때에 인자의 징조가 하늘에서 보이겠고 그때에 땅의 모든 족속들이 통곡하며 그들이 인자가 구름을 타고 능력과 큰 영광으로 오는 것을 보리라"
> - 마 24:30

영해를 대적하는 바이블 리터러시

"볼지어다 구름을 타고 오시리라 각인의 눈이 그를 보겠고 그
를 찌른 자들도 볼 터이요 땅에 있는 모든 족속이 그를 인하여
애곡하리니 그러하리라 아멘"

– 계 1:7

이 두 구절을 이단 교주들이 어떻게 설명할 것인가? 이것을 문자적
으로 해석하는 한 이단 교주들은 절대로 재림주가 될 수 없다. 그들은
실제로 구름을 타고 올 만한 신적 능력이 없기 때문이다.

그러나 여기에서 '구름'을 비유라고 해석한다면 가능해진다. 성경은
비유로 된 책이기 때문에 여기에 쓰인 구름도 실제 구름이 아닌 비유라
고 한다면 이단 교주들은 얼마든지 '재림주'로 둔갑할 수 있다.

이렇게 비유 풀이 주장은 이단들이 자신들의 주장을 펴기에 꼭 필요
한 요소가 되는 것이다.[15]

---

15) 오대환, 『Fact와 Bible 중심의 이단세미나』(인천: 에스더선교회, 2020), 109-117.

5. 신천지 이단의 프레임 실례

용어 바꾸기

대부분의 한국 이단과 사이비 종교들은 자신들만의 독특한 용어를 사용하여 그 안에 자신들의 세계관, 사상, 교리를 담아 전파한다. 이러한 용어 사용은 신도들로 하여금 마치 특별한 지식을 소유한 것 같은 착각을 일으켜 근거 없는 자신감을 갖게 한다.

영적 착취 집단들은 독자적인 언어를 만들어 자신들의 구원론이나 이념을 표현한다. 특히, 핵심적인 구원 개념을 나타내는 어휘들을 자신들만의 내용으로 채우고 정의한다.

용어 바꾸기의 예1) 신천지에서의 성령 이해

사람들은 같은 용어를 사용하면 그 안에 담긴 내용까지 같을 것이라고 생각한다. 예를 들어, 신천지, 몰몬교, 여호와의 증인 등 많은 기독교 이단들의 하나님이나 성경의 하나님이 같은 하나님이라고 착각할 수 있다. 하지만 무슬림이 섬기는 알라와 기독교인이 섬기는 하나님은 분명히 다르다. 기독교에서는 하나님을 삼위일체(Trinity)로 이해하지만 이슬람교에서는 알라를 절대적으로 단일한 존재로 믿는다. 따라서 이슬람교에서의 예수 그리스도는 단지 예언자일 뿐, 하나님의 아들은 될 수 없다. 기독교에서는 예수의 죽음과 부활이 죄의 용서와 영생을 가져다주지만 이슬람은 행위와 믿음을 통해, 특히 알라에게 순종하는 것이 구원의 길이 된다. 이러한 차이를 모르고 같은 신, 같은 신앙의 대상으로 여긴다면, 그다음은 종교 간 불필요한 갈등을 일으킬 필요가 없다는 논리로 이어질 수 있다. 이런 인본주의적 주장은 종교다원주의, 보편구원론, 세계 통합종교 등의 결론으로 이어진다.

모든 언어는 실재하는 것을 반영하거나 모사(模寫)하는 것이라는 이론은 이미 19세기 말, 스위스의 언어학자인 소쉬르에 의해 깨졌다. 언어는 실재하는 것을 반영하는 것이 아니라, 실재에 대한 그 언어 사용 집단의 개념을 반영하는 것이다. 그러니까 아무리 동일한 단어, 유사한 표현을 사용하더라도 그 안에 내용이나 개념이 다르면 동일한 기호가 될 수 없는 것이다.

신천지도 기독교와 똑같이 성령을 말하고, 보혜사를 말하지만, 그 언어가 담고 있는 내용은 전연 다르다는 것을 알아야 한다. 이들은 성령을 타락한 천사들 곧 악령에 반대되는 선령의 개념으로 이해해서, 하나님께 속한 모든 영들을 총칭해서 '성령'이라 부른다. 신천지가 일컫는 성령은 하나님께 속한 천사들, 사도들을 포함한 순교자들의 영, 잠자는 자들의 영까지 모두를 포함한다. 성경에 나오는 성령과는 전혀 다른 의미로 바뀐 것이다.

'보혜사'라는 용어도 마찬가지다. 신천지는 '보혜사'라는 용어를 쓰기는 하지만 '보혜사'를 영적 존재로 보지 않는다. 그냥 한자대로 뜻을 풀어서 '은혜로 보호하는 스승'이라고 정의한다. 이렇게 스승을 떠올리게 하는 이유는 보혜사를 선생님으로 부름으로써 보혜사가 사람이라는 인식을 자연스럽게 갖게 하는 효과를 노리기 위함이다. 예수님은 이 땅에 하나님의 영이 함께하여 아버지의 이름으로 이 땅에 오신 초림 시대의 보혜사라는 것이다.

지금까지의 설명 속에서 프레임의 진행을 알아차리기는 쉽지 않다. 그러나 이단들의 기본 성경 공부에는 늘 그들이 주입시키려는 최종적 프레임의 그림이 있다는 것을 기억해야 한다. 그들은 보혜사들을 초림 시대의 보혜사와 또 다른 보혜사로 나누면서 가르침을 계속 이어나간다.

신천지는 요한복음 14장 16-17절을 인용한다. 초림의 보혜사 예수님은 "아버지께 구하여 또 다른 보혜사를 보내 영원토록 함께 있게 하겠다"라고 약속하셨으며(요 14:16), 그 '또 다른 보혜사'는 진리의 영, 즉 진리의 성령 보혜사이며, 그 진리의 성령 보혜사는 마지막 시대에 한 사람 속에 들어와 그와 하나 되어 역사한다고 주장한다(요 14:16-17).

신천지는 이렇게 보혜사란 용어를 한자로 풀어 잘못된 개념이 마치 진실인 양 세뇌시킨 후, '또 다른 보혜사'의 존재에 대해 집중하여 가르친다. 그들은 결국 '또 다른 보혜사'가 자신들의 교주 이만희라고 주장한다. 이단 교리의 최종 목적은 교주의 신격화이다.

이렇게 성경의 용어는 그들의 잘못된 주장을 뒷받침하기 위한 그릇된 개념으로 바뀌어, 잘 짜인 프레임 속에서 전달된다.

용어 바꾸기의 예2) 이단 신천지의 옛 언약과 새 언약

다음은 이단 신천지의 언약 관점 안에 숨어 있는 용어의 혼란 전술을 살펴보도록 하자. 사람들에게 '언약'이라는 단어는 일반적으로 '약속'을 떠올리게 한다. 그러나 신천지는 이 약속 앞에 '장래에 이루어질'이라는 내용을 첨가하여 언약의 의미를 확장해 버린다. 이렇게 해서 언약의 정의는 '장래에 이루어질 약속, 장래에 지켜야 할 것'으로 슬쩍 변형된다.

필자는 어린 시절에 길을 걷다가 속칭 야바위꾼이라 하는 이들에게 둘러싸여 그들의 눈속임에 당한 적이 있다. 신천지의 언약 해석도 이와 비슷하다. 신천지는 자신도 모르는 사이에 언약의 정의를 자신들이 원하는 대로 바꾸게 만든다. 여기에는 두 가지 프레임이 작동된다. 하나는 용어의 의미를 바꾸는 것이고, 다른 하나는 그 과정을 통해 용어를 왜곡하는 것이다.

신천지는 옛 언약을 '모세가 받은 율법'이 아닌 '구약 전체'라고 가르친다. 이는 자신들이 주장하는 시대별 구원자의 등식을 맞추기 위해서다. 이 주장을 뒷받침하기 위해 시대를 나누어 딱딱 맞아떨어지게 해야 하는 신천지는 옛 언약을 구약 전체로 봐야 자신들의 프레임을 형성할 수 있다.

본문에 나오는 옛 언약이 문맥상 '구약 전체'를 가리키지 않음에도 불구하고, 이들은 용어를 왜곡시켜 자신들의 프레임에 억지로 맞춘다.

이렇게 새롭게 탄생된 언약의 개념은 신천지 이단의 프레임을 구현하기 위한 좋은 툴이 되고 신천지 이단은 이제 사람들에게 성경을 들이대며 자신들의 왜곡된 해석이 마치 성경과 일치하는 것처럼 주장한다.

이 과정을 보면 신천지는 성경의 내용을 철저히 왜곡하면서도 겉으로 보이는 용어는 동일하게 유지해, 자신들의 주장과 논리가 성경에서 벗어나지 않은 것처럼 눈속임을 한다는 것을 알 수 있다.

영해를 대적하는 바이블 리터러시

6. 프레임 재구성-삼시대론, 시대별 구원자

신천지 이단이 이렇게 용어를 변경하려는 또 다른 이유는 자신들이 임의로 나눈 '삼시대'와 연결 짓기 위해서이다. 삼시대란 신천지가 주장하는 구약시대, 신약시대, 계시록 시대를 일컫는다. 삼시대론은 인위적이고 기계적인 시대 구분으로, 그들의 프레임에 맞게 성경 전체의 역사를 자신들 임의대로 2천 년씩 동등하게 나누어 끼워 맞춘 하나의 도식이자 체계이다.

구약에서 약속한 목자가 있듯 신약에서도 예언된 목자가 있다고 말하다가 나중에는 "신약의 모든 예언이 재림예수 이만희를 통해 완성된다"라는 결론으로 유도한다. 그런데 이런 특징들이 따로따로 떨어져 있는 것이 아니라 그 배후에는 치밀하게 계산된 프레임들이 작동하고 있는 것을 알 수 있다. 물밑에서 작동되는 프레임을 간과한 채 이단들의 이상한 가르침이나 현상만 탓하고 있어서는 안 된다. 이들의 속셈은 교주의 출현을 자연스럽게 하기 위해 발판을 마련해 놓는 것이다.

이제 신천지 교리의 또 하나 중요한 축인 시대별 구원자론에 대해 알아보자.

신천지에서는 하나님이 각 시대마다 새로운 목자와 선민을 택하여 언약을 해 오셨다고 주장한다. 예를 들어, 아담이 하나님과의 약속을 어겼을 때는 노아를 택하여 새로운 언약을 맺었고, 노아의 세계가 부패했을 때는 아브라함을 선택하여 다시 언약을 세웠다는 식이다. 이러한 패턴은 모세와 여호수아를 거쳐 예수님 초림 때까지 반복되었다고 설명한다.

신천지 이단의 주장에 의하면 아담, 노아, 아브라함, 모세, 심지어 예수님까지 모두가 각 시대를 대표하는 목자였다는 것이다. 이와 같이 각 시대별로 구원자가 있다는 주장을 '시대별 구원자론'이라고 하며, 이러한 주장은 자연스럽게 이 시대에도 하나님께서 사용하시는 한 목자가 있을 것이라는 생각으로 이어지게 한다. 결국은 이 모든 것이 나중에 교주 이만희 자신이 이 시대의 구원자, 목자, 메시아로 등장하기 위함이다. 이것은 신천지 이단뿐만 아니라 많은 한국의 이단들이 보여주는 전형적인 패턴이다.

프레임을 주입하면서 동시에 위기의식과 공포심을 조장한다

신천지는 이렇게 잘못된 교리로 프레임을 세워 나가는 성경 공부를 통해 거짓을 슬쩍슬쩍 끼워 넣는다. 그중의 하나가 구원을 얻을 수 있는 길에 예수 믿는 것뿐만 아니라 새 언약을 알고 지켜야 한다는 항목을 추가하는 것이다. 이렇게 미혹한 성도들을 자신들이 만든 구원의 조건으로 위협해 놓은 뒤 계속 언약을 공부할 수밖에 없도록 더욱 옭아매는 것이다.

결국 포섭된 신자들이 잘못된 프레임에 기반한 공부의 단계로 깊이 들어갈수록 그들의 프레임 속에 더 단단히 갇히게 되는 결과를 낳는다.

싸움의 룰 변경 - 비유로 푼다

신천지 이단은 마가복음 4장 11-12절[16]을 인용하여, 비유란 '진리와 사실을 드러내기 위한 것이 아니라 감추고 봉인하기 위한 수단'으로 가르친다. 신천지는 새로 들어온 입교자들을 가르치는 센터 교육과정 중 초급단계를 모두 비유 풀이에 할당하고 있다. 그들의 잘못된 비유 접근은 "씨, 밭, 나무, 새"를 비유로 푸는 것을 보면 알 수 있는데 이 비유는 신천지 식으로 성경을 보는 관점을 형성하게 한다.[17]

신천지의 비유 풀이에서 발견되는 문제점 몇 가지는 다음과 같다.

첫째, 문맥을 무시하고 해당 개념이 나오는 모든 구절에서 동일한 해석만을 강요한다. 예를 들어, 씨가 어떤 본문에서는 하나님의 말씀을 상징하였다 해도 창세기 1장 11절[18] 같은 구절에 나타난 씨는 말 그대

---

16) "이르시되 하나님 나라의 비밀을 너희에게는 주었으나 외인에게는 모든 것을 비유로 하나니 이는 저희로 보기는 보아도 알지 못하며 듣기는 들어도 깨닫지 못하게 하여 돌이켜 죄 사함을 얻지 못하게 하려 함이니라 하시고" 막 4:11-12.

17) 지영근, 『신천지 세뇌방식과 탈세뇌』(수원: 기독교포털뉴스, 2020), 151.

18) "…땅은 풀과 씨 맺는 채소와 각기 종류대로 씨 가진 열매 맺는 나무를 내라 하시니…" 창 1:11.

로 씨 자체를 뜻하지만 이를 무시한다. 더 한심하고 답답한 것은 이런 글자 장난을 치기 위해 '한글 개역 성경'만을 보도록 한다는 것이다.

둘째, 자신들이 만든 교리의 프레임을 옹호하기 위해 성경 전체의 일관성을 무시한 채 설명 가능한 구절들만을 발췌하여 비유 풀이, 짝풀이 등의 공식을 만들었다.

셋째, 교주 이만희가 주로 공부하였고 '하늘에서 내려와 받아먹었던' 한글 개역 성경만이 참된 성경이라 주장하는 것을 볼 때 '비유 풀이', '짝풀이'가 얼마나 왜곡된 주장인가를 보여 준다.

넷째, 목자-거짓 목자, 생명-죽음, 깨달은 자-깨닫지 못한 자와 같은 이분법적 도식이 주를 차지하는데 여기엔 종교적 선민주의나 엘리트주의 색채가 강하게 나타난다. 교회사에 나타났던 영지주의자들에게서 볼 수 있었던 모습 중 하나이다.

여기서 잠깐, 신천지의 의도된 비유 풀이 공부 시스템을 알아 두어야 할 필요가 있다. 신천지의 비유 풀이는 단순히 모르는 뜻을 풀어 주는 데에 있지 않다. 분명한 지향점을 갖고 이루어지는데 그 목적지는 계시록의 해석이다. 그래서 그들의 비유 풀이 공과를 살펴보면 모두가 계시록에 필요한 단어를 중심으로 비유 풀이가 진행된다. 그러니까 이 신천지의 방식은 마치 답지를 갖고 시험공부를 하는 것과 비슷하다.

계시록을 통해 이미 자신들이 원하는 답을 갖고 있는데 그 답을 향하여 공부를 진행시킨다. 그 답이 바로 실상 계시이다. 이 실상 계시를 사람들이 의심 없이 답으로 받아들이게 하기 위해 문제지의 문제들을 분해하는 것이다. 그 문제들과 답 사이에 비유가 있고 노정교리가 있다.

그들은 마치 연상 기억법을 사용하여 그 두꺼운 책을 외우는 의대생이나 고시생처럼 연상법으로 미혹한 이들을 세뇌시킨다. 그렇기에 아무 맥락 없이 달달달 외운 이 비유 풀이를 다른 성경 구절들에 대입을 하였을 때 말도 되지 않는 해석이 나오기도 한다.

신천지 이단에서는 비유가 '감추기 위한 방법'이며 그 비유 속에 있는 본래의 참뜻, 실체, 실상은 마지막 때 선천지만이 풀 수 있다고 은연중에 강조하는 것이다. 신천지는 비유에 대해 설명하기를 하나님이 사탄으로부터 지키고자 하는 비밀이 있으실 때 군대의 암호와 같이 사용하는 것이 바로 비유라고 설명한다.

기존 교회의 성경해석은 문자적인 해석으로 하나님의 뜻을 왜곡하지만, 자신들의 비유 풀이는 영적이고 하나님의 뜻을 드러낸다고 가르친다. 그리고 천국의 비밀은 계시록의 비밀이라고 연결시킨다. 신천지는 미혹한 성도들에게 예언에 대해 무지한 상태에서 빛으로 나와야 천국과 구원을 얻을 수 있는데 비유 풀이를 배워야 어둠에서 빠져나올 수 있다고 위기의식과 불안감을 심어 준다. 성경은 이렇게 접근하는 책이 아니다. 성경은 암호 해독하듯 비유 풀이를 하라고 주어진 책이 아니다. 이 프레임에 말려 들어가서는 안 된다.

7. 이단의 쓰레기 같은 프레임에
   빠져드는 이유

여기에는 다양한 원인들이 있을 것이다. 자라 오는 과정 속에서 받은 상처, 교회에서 받은 부정적 경험, 허영심, 교만 등 사탄이 틈탈 수 있는 허점들을 사람들은 너무나 많이 갖고 있다. 따라서 어느 하나를 공식처럼 이야기하며 이단에 잘 빠지는 이유를 설명하는 것은 지양해야 한다. 다만 성경과 교회, 한국 사회의 입장에서 밝혀 보자면 다음의 요인들이 포함될 것이다.

첫째, 성도들이 복음의 진수를 접해 보지 못했다.

둘째, 교회의 시스템이나 프레임에서 새로운 것을 발견하지 못하고 식상해하고 있다.

1959년 당시 한국은 너무나 빈곤한 국가여서 세계은행에서도 돈을 빌릴 수 없었다. 당시 한국의 1인당 GDP는 소말리아나 가나보다도 낮았고, 최하위 빈곤국 중 하나였다고 하니 지금으로서는 믿기 힘든 사실이다.

2021년 퓨리서치센터의 자료에 따르면, 세계 각국의 사람들에게 "무

　　　　　　　영해를 대적하는 바이블 리터러시

엇이 삶을 의미 있게 하는가?"라는 질문을 했을 때, 대부분의 나라에서는 가족이나 친구를 꼽았지만, 한국은 유일하게 '물질적 풍요'를 1위로 꼽았다. 70-80년대 근대화와 더불어 급성장한 한국은 이제 자살률 1위 국가가 되었고, 한국 성인의 37%가 우울증이나 우울 증상을 겪고 있다. 이는 물질적 풍요와 성공을 중시하는 한국 사회의 어두운 단면을 보여 준다. 한국의 출산율이 세계 최저로 떨어진 이유도 경쟁에서 뒤처지지 않기 위해 어린아이들을 치열한 경쟁으로 내몰았던 결과이다.

대한민국의 초고속 성장 뒤에 가려져 있던 그늘진 부분, 소외와 아픔의 영역을 이단이 파고들어 왔다. 한국 교회 또한 산업화 사회와 맞물려 교회 성장이나 부흥만을 강조하며 정신없이 달려왔고 사람들 내면에서 꿈틀대는 욕망을 실현해 줄 기복신앙을 외쳐 왔다. 사실 이단이나 사이비는 그런 교회들을 숙주로 해서 자라난 기생충이라고 볼 수 있다. 이단은 이 틈을 파고들어 더 자극적인 체험, 더 즉각적인 보상 등을 내놓으며 교회를 흔들고 자신들의 가르침을 주입해 나갔다.

이것을 어떻게 대응할 수 있을까? 필자는 일일이 대응하는 것에 한계를 느낄 수밖에 없다는 결론을 내렸다. 이단 신천지, 사이비 정명석, 사이비 안상홍, 사이비 문선명 이런 자들의 교리를 하나하나 다 파헤치며 연구할 수도 없고 또 모든 성도가 그렇게 할 필요도 없다. 마약 밀매하는 이들, 그들을 하나하나 잡는 것은 쉬울 수 있으나 하나 잡으면 두 개가 새로 생기는데 무슨 수로 끝을 낸단 말인가? 그래서 우리는 원리를 터득해야 한다. 마약하는 이들을 따라다니기만 하지 말고 마약 공장을 습격해야 한다. 바퀴벌레를 계속 따라다니기보다 바퀴벌레약을 터트려야 한다.

이런 문제의식을 갖고 연구를 하다 보니 마음이 급해졌다. 교회가 아직 개인기 위주의 축구에 머물러 있는 사이, 이단은 조직력 축구, 전술 축구, 빌드업 축구를 하고 있었다.

교회들이 여전히 주제별 성경 공부, 권별 성경 공부, 커피 브레이크, 생명의 삶, 큐티 나눔 같은 모임들을 가지며 성경 여기저기에 흩어져 있는 예쁜 구슬들을 모으는 데 집중하는 사이에, 이단들은 초단기에 초집중해서 구슬을 자기들 식으로 꿰는 작업, 즉, 프레임을 만드는 걸 최우선으로 하고 있었다.

급할수록 돌아가라고 했다. 시간은 걸리겠지만 기초부터 차근차근 다시 쌓아 나가야 한다. 교회는 이단들의 프레임을 연구하고 거기에 맞설 성경 프레임을 다시 짜고 바이블 리터러시를 키워 나가야 할 것이다.

영해를 대적하는 바이블 리터러시

8. 한국 이단들의 특징에 나타나는 프레임

시대별 구원자론이란, "각 시대마다 구원자가 있다"라는 교리이다. 신천지 이단은 치리자 7명(아담, 노아, 아브라함, 모세, 여호수아, 예수 그리스도, 이긴 자, 보혜사)을 각기 시대별 구원자로 동격화하며 교주 이만희의 신격화 작업을 진행한다. 이 과정의 배후에는 폐하고 세우는 프레임이 작동하고 있다.

그들이 말하는 소위 '노정 교리'의 핵심은 이렇다. 아담이 타락한 이후 세상은 사탄의 나라가 되었고 영계의 하나님은 그때그때, 사람들을 선택해서 이 영과 육의 싸움에 참전시켰다. 그러나 그 과정은 실패의 반복이었다. 하나님은 그동안 썼던 무기를 버리고 다른 무기를 고르는 과정을 반복하시는데, 그 내용을 설명하자면 이렇다.

최초 아담을 선택하셨으나, 아담이 배도하고 멸망한다. 이후 노아를 선택하지만 배도하고 멸망한다. 이후 모세를 선택하지만 배도하고 멸망한다. 이후 솔로몬의 배도와 멸망, 이스라엘 왕국의 멸망을 거쳐 예수에게 이르게 된다.

그러나 예수의 제자를 자처하는 교회, 특히 한국교회마저도 하나님이 선택했던 이전 사람들처럼 언약을 저버리고 배도했다. 그래서 이제 한국교회의 배도 이후 멸망이 임박했고, 이제는 기독교가 아닌 신천지를 통한 구원의 시대가 도래했다는 것이다. 이것이 흔히 '배도-멸망-구원'이라는 신천지의 역사 이해다.

신천지 식 역사 이해에서 이제 남아 있는 일은 6000년간 사탄에게 빼앗겼던 나라를 신천지가 되찾아 오는 것이다. 이를 실행해 낼 수 있는 유일한 해결사는 '만왕의 왕, 이긴 자, 보혜사, 약속한 목자'인 교주 이만희이다.

이만희는 주장하기를 자신은 예수의 영과 하나가 되었기 때문에 죽지 않는다. 이제 마지막에는 사탄이나 사탄의 편에 선 자들은 모두 지옥으로 들어가고 신천지 교인들은 영계에 있는 순교자들의 영과 하나되어 죽지 않는 상태가 된다고 한다. 지금이 바로 이 모든 일들의 완성이 임박한 주 재림의 때라고 주장하고 있다.

삼시대론

이단들이 즐겨 사용하는 프레임이 삼시대론이다. 삼시대론이란 성경의 역사는 삼시대로 나누어진다는 이론으로 성경을 크게 구약시대, 신약시대, 계시록 시대(삼시대)로 나누고 각 시대마다 주도적으로 활동하시는 주체가 다르다고 주장한다. 이렇게 주장하는 이유는 나중에 구약과 신약이 아닌, 이 시대에 맞는 새로운 구원자, 새 구원의 방법이 있음을 주장하기 위함이다.

시대별 구원자

이단들은 시대를 나누며 각 시대별로 구원자를 등장시켜 세우고 폐하기를 반복한다. 이러는 사이 각 시대별 구원자는 동격화되며 최종적으로 자신들의 교주가 등장해도 전혀 이상하지 않도록 판을 깔아 간다. 이 모든 과정은 잘 짜인 프레임 속에서 진행된다.

이중 아담론

이단들은 이 '시대별 구원자론'을 뒷받침하는 성경 본문을 제시하지 못한다. 따라서 그들은 이단 교리의 첫 단추에 해당하는 '이중 아담론'을 근거로 논리적인 전개를 해 나간다. '이중 아담론'은 성경이 말하는 아담과 하와가 인류의 첫 사람임을 부인하며 아담 이전에 이미 수많은 사람들이 살고 있었다고 주장하는 거짓된 이론이다. 이들은 창세기 4장 14-17절, 창세기 2장 22-24절을 근거로 자신들의 주장을 제시[19]하는데 이것은 결코 성경적인 주장이 아니다.

이단들은 성경의 몇 구절들을 왜곡하여 아담 이전에 사람들이 살고 있었을 것이라는 가설을 설정한다. 그리고서는 고린도전서 15:45의 '첫 사람 아담'과 '마지막 아담'이라는 용어를 통해 다시 의문을 제기한 후 자신들 임의대로 아담은 육체적 조상으로서의 첫 사람이 아닌 그 시대

---

19) 거짓주장: 지구상에 존재하는 사람이 단지 세 사람뿐인데 "나를 만나는 자"가 누구인가? 가인이 아내와 동침을 한다. 이 여인은 누구란 말인가? 창 2:24에서 "남자가 부모를 떠나"라고 쓰여 있는데 '아담에게 부모가 있었다'라는 말이 아닌가?

의 구원자, 깨어 있는 첫 사람이라며 용어를 재해석한다.

신천지 교주 이만희는 그의 책 『천지창조』에서 아담이 최초의 사람이 아니라는 주장을 펼친다. 그는 설명하기를 아담을 하나님께서 가장 먼저 만드신 사람으로 간주하면 인류 역사가 고작 6천 년밖에 되지 않지만, 과학적 증거에 따르면 생명체는 약 38억 년 전에 탄생했고 원시 인류의 기원은 약 500만 년 전이라고 한다. 이로 인해, 아담이 최초의 사람이 아니라는 점을 밝히는 것이 과학과 성경의 시간 차이를 해명할 수 있다고 주장한다.[20]

나중에 과학을 이야기할 때 다시 언급하겠지만 오늘날 진화론을 가르치는 미국의 공교육도 가설에 근거한 과학주의 프레임이 있다는 것을 알아야 한다.

지금까지 살펴본 바와 같이 이단의 거짓 가르침은 그 배후에 일정한 프레임을 이루고 있으며 그 프레임의 작동을 위해 성경을 꿰어 맞추는 작업들을 성경 공부라는 이름하에 진행하고 있는 것이다.

---

20) 이만희, 『천지창조』, 75-76.

9. 이단 프레임의 토대 '영지주의'

한국의 이단들이 성경을 해석할 때 영적인 의미를 과도하게 강조하는 경향을 보이는 것은, 이들이 영지주의적 요소의 영향을 많이 받고 있기 때문이다. 영지주의(Gnosticism)는 초기 기독교 시기에 나타난 다양한 종교적 사상과 운동을 포괄하는 용어로, 대략 1세기에서 3세기 사이에 유행했다. 영지주의는 특히 그리스도교 내에서, 그리고 일부 유대교 커뮤니티 내에서도 발견되며, 이들은 영지(비밀 지식, gnosis)을 통해 구원을 얻을 수 있다고 믿는다. 영지주의의 특징을 살펴보면 다음과 같다.

첫째, 이원론적 세계관을 가지고 있다. 이러한 세계관은 모든 것을 빛과 어둠, 선과 악, 물질과 영 등으로 구분하여 생각하게 한다.[21] 이 세상과 육체와 물질을 악으로 보고 그 반대편에 있는 것들은 선으로 보는 것이다.

둘째, 이원론적 세계관은 윤리관에도 영향을 미쳐 한편으로는 지나

---

21) 김의환, 『기독교회사』(서울: 성광문화사, 1985), 83.

친 금욕주의와 반대편으론 쾌락주의를 낳았다. 금욕주의자들은 물질이 악하다는 신념을 갖고 있으므로 몸을 소중히 여기기보다 굶기고 때려서라도 자신을 옭아매고 있는 악한 물질을 죽이고, 신령한 영혼을 해방하길 원하거나, 반대로 쾌락주의자들은 육신은 아무런 가치가 없으므로 쾌락에 몸을 버려두어도 괜찮다고 여겼다.

셋째, 영지주의 이원론에서는 육체를 죄악시한 결과 가현설(docetism)[22]을 주장하며 예수님의 육체로 오심을 부인하여 기독교의 역사성을 약화시켰다.

넷째, 영지주의자들은 영적인 지식을 얻어 갇혀 있는 육체로부터 해방을 얻으려 했으며 이를 구원으로 생각했다.

이 특별하고도 영적인 지식은 비밀리에 알려질 수밖에 없다고 믿었기에 신비 의식이 성행하도록 부추겼다. 이는 결과적으로 영지주의자들로 하여금 자신들만 특별한 영적 지식을 소유했다는 엘리트 의식을 심어 주었다. 이렇게 구원의 방도를 그리스도의 구속이 아닌 초자연적 지식에서 찾으려 함으로써 기독교의 본질을 바꾸었다.

---

22) 가현설(Docetism)은 예수님은 이 땅에 계실 때 사람처럼 보이는 것이지 실제 사람이 아니라 영적 존재였다는 주장이다. 그리스도는 인간 예수의 몸에 임시로만 계셨고, 십자가형을 받을 때 다시 분리되었다고 본다. 이렇게 하므로 예수님의 성육신만이 아닌 진실성을 부인한다.

영해를 대적하는 바이블 리터러시

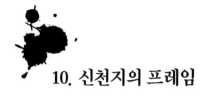

10. 신천지의 프레임

신천지의 이분법적 세계관

신천지의 세계관은 세상을 영계와 육계, 하나님의 선과 사탄의 악으로 나누는 이원론적 관점이다. 이들은 선과 악, 진리와 비진리, 참 목자와 거짓 목자를 구분하며, 성령이 함께하는 참 목자와 악령이 함께하는 거짓 목자로 나눈다.

이만희의 『천지창조』 책에 따르면, 하나님과 그를 보좌하는 천사들이 속한 영계가 먼저 창조되었고, 인간이 속한 육계가 뒤이어 창조되었다고 한다. 천사의 타락으로 인해 악마와 악한 세력이 출현하였고, 이로 인해 영계가 분열되었으며, 그 결과 육계도 분열되었다고 설명한다.

신천지의 세계관은 네 가지 영역으로 구분된다. 하나님과 선한 천사들이 속하는 성령의 세계, 악마와 그 세력이 다스리는 악령의 세계, 성령의 세계에 연결되는 선한 육계, 그리고 이에 대응하는 악한 육계. 이 세계관에서는 영과 육으로 나뉘는 수직적 이분법과 선과 악으로 나뉘는 수평적 이분법이 혼합되어 있다.

신천지는 영계에서 선한 영들과 악한 영들이 투쟁하고 있으며, 이 투쟁이 육계에서도 동일하게 벌어진다고 주장한다. 이를 "영이 육을 들어 역사한다"는 표현으로 설명한다. 따라서 이 땅은 선한 영과 악한 영이 들어 쓰는 사람들 간의 투쟁이 벌어지는 곳으로 간주된다. 이러한 신천지의 세계관은 구분과 대립, 투쟁의 구도로 이루어져 있으며, 이는 시한부 종말론을 강조하는 이단들의 전형적인 방식이라 할 수 있다.

영은 육을 들어 역사한다

신천지에서 가장 많이 언급되는 문장이 "영은 육을 들어 역사한다"이다. 신천지 교리는 예수님의 영이 교주 이만희의 육체로 들어왔기 때문에 이만희는 이제 육체의 사명자로서 영과 육이 합쳐져 하나가 된 것이라고 주장한다. 이는 결국 '예수님의 영이 교주 이만희의 육체를 사용하는 것'이며, 예수님의 영이 이만희의 육체로 들어온 이 시기를 '재림의 때'라고 한다. 따라서 신천지는 재림의 때에 교주 이만희가 재림주가 된다고 주장하는 것이다.

신천지는 이러한 프레임 속에서 그들의 교리를 전개하고 있으며, 이 과정에서 용어를 혼란스럽게 하고 재해석하는 방법을 사용하고 있다. 그들은 "나와 아버지는 하나"라는 말에서 '하나'라는 것은 같음을 의미하는 것이 아니라, 하나님의 영이 예수님의 육체에 임하여 함께 역사한다는 것을 뜻한다고 주장한다. 여기에서 '영은 육을 들어 쓴다'는 개념이 나오게 된다.

영해를 대적하는 바이블 리터러시

신천지 교주 이만희는 그의 저서에서 아담의 배도로 인해 하나님의 꿈이 무너졌고, 그 이후로 하나님은 사람과 하나 되어 살기 위해 재창조의 역사를 이어 왔다고 설명한다.[23]

그동안 무너지고 깨진 상태를 다시 합하기 위해 끊임없는 재창조 과정이 일어났으며, 마지막 영과 육이 다시 일치될 수 있는 종착지로서의 장소가 바로 신천지 교회라는 주장이다.

환상 계시와 실상 계시

신천지 이단은 환상 계시와 실상 계시에 대해 독특한 해석을 가지고 있다. 이를 쉽게 설명하면 다음과 같다.

1) 환상 계시
환상 계시는 성경에 기록된 예언과 상징적인 비유들을 말한다. 이는 주로 성경 속에서 미래에 일어날 일을 비유나 상징으로 표현한 부분을 의미한다. 신천지는 환상 계시를 성경의 예언서, 예를 들어 요한계시록에 나오는 상징적이고 비유적인 내용으로 해석한다. 이들은 이러한 예언들이 단지 상징이나 비유로만 이해되며, 실제로 일어날 사건들을 미리 알려 주는 것이라고 주장한다.

---

23) 이만희, 『천지창조』, 52, 171.

2) 실상 계시

실상 계시는 환상 계시가 현실에서 실제로 일어나는 사건을 의미한다. 이는 성경의 예언이 문자 그대로 현실에서 실현되는 것을 말한다. 신천지는 이만희를 통해 이러한 예언들이 실제로 이루어졌다고 믿는다. 예를 들어, 요한계시록의 예언이 이만희와 신천지의 역사 속에서 실현되었다고 해석한다. 이로 인해 성경의 예언(환상 계시)이 현재의 실제 사건(실상 계시)으로 나타났다고 주장하며, 이를 통해 자신들의 교리를 정당화한다.

이만희는 그의 저서에서, 성취의 때가 되면 환상 계시는 문자 그대로가 아닌 실상으로 이루어진다고 설명한다. 그때 약속된 목자가 열린 책에 기록된 말씀과 실체를 천사로부터 먼저 보고 듣고 이를 전해 준다고 주장한다. 그는 환상 계시는 실상 계시가 나타나기까지 봉하는 수단일 뿐이라고 강조한다.[24]

이 환상 계시, 실상 계시 개념만 보아도 영해를 통한 거짓 프레임이 혼합적으로 적용되고 있다는 것을 알 수 있다.

---

24) 이만희, 『천지창조』, 27-28.

영해를 대적하는 바이블 리터러시

11. 이단 프레임의 최종목표, 교주 신격화

메신저 효과(Messenger Effect)라는 개념이 있다. 이는 특정 메신저가 보낸 메시지가 대중에게 끼치는 영향이나 충격의 정도가 더욱 강할 수 있다는 이론이다. 여기서 주목해야 할 것은 메신저의 중요성이다. 이단은 이 점을 간파한 듯하다. 그들은 가르침의 최종 목표를 교주의 신격화에 둔다. 이단 및 사이비 종교에서 교주를 신격화하는 이유는 다음과 같다.

첫째, 종교적 정당성 확보.

교주를 신격화함으로써 그가 신성한 권위를 지닌 절대적 존재로 비추어지고, 그의 말과 행동을 무조건적으로 신봉하게 만든다. 이를 통해 교주의 가르침을 '절대적 진리'로 받아들이고 의심이나 반대 의견을 최소화한다.

둘째, 통제와 복종 강화.

교주를 신격화하면 조직 내에서 그의 말과 가르침이 절대적 진리로 간주되어 신도들은 절대적 충성심을 갖게 된다. 헌금, 재산 기부, 노동 제공 등으로 교주와 조직에 공헌하게 하며, 이를 통해 재정적 이득을 얻을 수 있다. 또한 신격화된 교주에게 심리적으로 의존하게 함으로써 조직에 대한 충성도가 높아진다.

셋째, 조직의 결속력 강화.

교주를 신격화함으로써 조직 내 규율과 결속력이 강화된다. 신도들은 교주를 중심으로 절대적 충성심을 유지하며, 교주의 가르침과 인도 없이는 살아갈 수 없다는 심리적 의존을 통해 교주와 조직에 충성을 다한다.

넷째, 재정적 이득 확보.

교주가 신성한 권위를 지닌 존재로 여겨지기 때문에, 신도들은 헌금, 재산 기부, 노동 제공 등으로 교주와 조직에 공헌한다. 이를 통해 재정적 이득을 얻을 수 있다.

요약하자면, 이단 사이비 종교에서 교주를 신격화하는 것은 조직의 통제력 강화, 재정적 이득 확보, 신도들의 충성심 확보 등을 통해 교주와 조직의 안정성을 유지하기 위한 전략이라고 볼 수 있다. 이러한 신격화는 신도들이 합리적 판단보다 감정적·심리적 의존을 통해 조직에 계속 머물도록 만들며, 그들의 충성도를 극대화하는 효과가 있다.

영해를 대적하는 바이블 리터러시

제4장

이단 이해의 핵심 키워드 '영해'

1. 영해의 정의와 알레고리 해석

이단에게는 결정적 무기가 하나 더 있다. 바로 '영해'라는 무기다. 영해의 정의를 내려 보자면, "성경의 문자적 해석 혹은 문맥상 분명한 해석 이면에 그것과 다른 상징적 혹은 영적인 의미가 존재한다고 믿는 해석방법"을 말한다. '영해'는 알레고리 해석의 한 형태로 포괄적으로는 알레고리 해석이라고 불리나 그 뿌리와 형태는 영지주의와 더 맞닿아 있는 해석을 가리킨다.

한 가지 더 덧붙이자면 이 '영해'라는 명칭은 문자를 해석하고 문맥을 따라 해석하는 것과는 다른 해석을 의미하는데, 단지 '다른' 해석을 넘어 "더 나은 또는 우월한 해석"이라는 함의를 갖는다. 그러므로 이단들이 '영해'를 강조할 때는 영해를 하는 자의 위치를 한껏 높여 고양시키고 있는 것을 보게 된다.

한국교회와 사이비 이단은 둘 다 '영해'의 폐해가 심각하다. '영해'는 풍유적 해석 또는 우화적 해석이라 불리는 알레고리 해석에 속한다고 할 수 있다. 알레고리적 해석이란 텍스트의 표면적 의미(문자적 의

영해를 대적하는 바이블 리터러시

미) 이면에 다른 의미를 추구해 나가는 해석을 뜻한다. 앤서니 티슬턴 (Anthony Thiselton)은 알레고리적 해석을 "텍스트의 문법적이고 정상 적인, 일상의 '사전적' 의미로부터 '다른(allos)' 의미를 전제할 수 있다고 믿는 해석학적 절차"[25]라고 정의한다.

알레고리(allegory)라는 말은 어원적으로 '다른 것을 말함'이다. 따라 서 알레고리적 해석의 출발점은 텍스트의 문자 이면에 다른 의미가 있 다는 믿음이다. [26]

알레고리적 해석방법은 처음엔 고대 그리스 사람들이 신성한 텍스 트로 받아들인 호메로스와 헤시오도스의 저작들을 수호하기 위해 시 작되었다. 그러다가 3세기의 가장 위대한 성경학자로 평가받는 오리게 네스(Origenes, 185-254)가 이 알레고리적 해석방법을 성경해석에 사 용하였는데, 그는 인간이 몸과 혼과 영으로 이루어진 것처럼 성경 본문 도 삼중적인 의미(문자적 의미, 도덕적 또는 비유적 의미, 영적 의미)를 지녔다고 생각했다. [27]

그 후 천 년 이상 알레고리는 교회의 표준적인 성경해석 방법으로 군림하면서 교회 안에 깊이 뿌리를 내리게 되다가 종교개혁 시대에 종

---

25) 길성남, 『성경이 무엇을 말하느냐?』(서울: 성서유니온, 2014), 315; Anthony Thieslton, 『성경해석학 개론』, 김동규 역(서울: 새물결플러스, 2012), 122.

26) 길성남, 『성경이 무엇을 말하느냐?』(서울: 성서유니온, 2014), 315.

27) 예를 들어, 겨자씨 비유(막 4:30-32)에서 겨자씨의 문자적 의미는 실제 겨자씨이며, 도 덕적 의미는 믿음이며, 영적인 의미는 하나님 나라이다. 오리게네스는 알레고리적 방 법을 사용하여 성경 본문의 문자 이면에서 불변하는 영적 의미를 찾아낸다고 주장하 였다.

교개혁자 마틴 루터(Martin Luther)와 존 칼빈(John Calvin)의 강력한 도전을 받게 된다. 루터는 성경을 알레고리적 방식으로 해석하는 데 능숙했지만, 성경의 역사적 성격을 깨달은 후에는 알레고리는 공허한 사변이며, 아름답게 차려입은 창녀와 같은 것이라고 가차 없이 비판하였다.[28]

칼빈 역시 "알레고리적 방식으로 성경을 읽으면 성경의 모든 구절을 자신이 원하는 대로 해석할 수 있고, 불합리하거나 이상한 해석도 허용하게 된다. 알레고리적 해석은 성경의 가르침을 훼손하고 제거하려는 사탄의 책략이므로 철저하게 배격해야 한다"라고 하였다.[29]

그러나 이러한 루터와 칼빈의 노력에도 불구하고 알레고리적 해석 방법은 종교개혁 이후에도 사라지지 않았다. 미국의 신약학자 모세 실바(Moses Silva)는 오늘날에도 많은 그리스도인이 하나님의 영적 인도를 구하면서 성경을 알레고리적인 방식으로 읽고 있으며, 가장 유능한 설교자들까지 변함없이 이 해석방법을 사용하고 있다고 지적한다.[30]

한국에서 이단들의 영해가 잘 통하는 이유는 기성교회에서나 이단에서나 '영해'가 그동안 너무 익숙한 성경해석 방법으로 널리 사용되어 왔기 때문이다. 문자와 문맥을 넘어 비유나 상징으로 해석해 가는 이

28) 길성남, 『성경이 무엇을 말하느냐?』(서울: 성서유니온, 2014), 319.

29) John Calvin, 『고린도후서, 에베소서, 디모데전서, 디모데후서』, 존 칼빈 성경주석 출판 위원회 편역(서울: 성서원, 1999), 79; 길성남, 『성경이 무엇을 말하느냐?』(서울: 성서유니온, 2014), 319.

30) Moises Silva, 『교회는 성경을 오석해 왔는가』, 심상법 역(서울: 솔로몬, 2001), 109; 길성남, 『성경이 무엇을 말하느냐?』(서울: 성서유니온, 2014), 320.

방법은 때로 이단 사이비에서 더 신선하고, 흥분되고, 딱딱 들어맞는 해석처럼 포장되어 성도들을 찾아가게 된다.

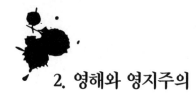

2. 영해와 영지주의

　영지주의는 플라톤의 이원론의 철학에 신학의 옷을 입혔다고 할 수
있다. 성경 어디에 이 '영지주의자'들이 등장할까? 사도 요한은 영지주
의자들을 향하여 '거짓 선지자', '적그리스도의 영'이라고 지칭했고(요
일 2:18; 4:1-2), 그러한 자들을 집에 들이지도 말고 그들과는 인사도 하
지 말라고 경계했다(요이 1:7-11). 그들은 방종을 일삼으면서 우리를
죄로부터 구원해 주신 부활의 주를 부인했다(벧후 2:1). 사도 베드로는
그들을 '거짓 선지자', '거짓 선생'이라고 지칭했고, 그들은 소돔과 고모
라가 멸망을 받았듯이 저주를 받을 것이라고 선언했다(벧후 2:1, 6).
　영지주의의 기원은 아직도 불분명하다. 어떤 학자는 영지주의가 정
통 기독교 교리에서 벗어나 하나의 이단으로 발전했다고 생각하고, 또
다른 학자는 이교나 유대교에 뿌리를 둔 독립된 비기독교 운동으로 간
주하기도 한다.
　영지주의는, 유대교에 뿌리박고 있으면서 나중에는 헬레니즘에 영
향을 받아 생겨났다고 알려졌으나 역사 속에서 다양한 모습으로 존재
했기에 한 마디로 설명하기가 어렵다. 다만 알 수 있는 것은 영지주의

　　　　　　　　영해를 대적하는 바이블 리터러시

는 자유롭게 다른 종교의 요소를 빌려 오기도 했고 때로는 영지주의자가 다른 회중에 들어가 섞이기도 하면서 기생적인 성격을 띠고 발전해 왔다는 것이다. 이처럼 영지주의는 종교 혼합주의 성격을 갖고 있다.

영지주의에서는 육체로부터의 해방을 구원으로 보며 이를 가능하게 해 주는 신적 지식은 모든 사람이 추구해서 얻을 수 있는 것이 아니라 하늘에서 내려온 중재자에 의해서만 얻을 수 있는 것으로 보았다. 그들은 사람이 이 세상에 내려와 육체에 갇혀 있지만, 사람에게는 신적 세계에 속한 신적 불꽃(Pneuma)이 있으며, 이것을 되찾을 때 구원받을 수 있다고 생각하였다. 그러나 이렇게 영지주의가 다양한 모습으로 존재했지만, 그들 사이엔 공통적인 사상들 또한 존재한다. 그들의 주목할 만한 특징과 그들이 끼친 부정적 영향들을 들자면 다음과 같다.

1) 이분법적 세계관

영지주의자들은 영혼이나 영을 물질세계와는 별개의 존재로 여긴다. 영은 불멸하고 영적인 세계에 속하며, 육체는 일시적이고 물질적인 존재로 여긴다. 또한 물질세계는 영혼의 진정한 본질을 가리는 장애물로 여겨질 수 있다.

2) 비밀 지식(Gnosis)

영지주의자들은 일반 대중에게 공개적으로 알려지지 않은 영적 진리에 대한 비밀 지식을 가지고 있다. 이러한 지식은 단순히 지적 추론이나 논리적 분석을 통해 얻는 것이 아니라, 명상, 기도, 영적 체험 등을 통해 직접적으로 경험해야 한다.

3) 영적 각성과 지식을 통해 이루어지는 구원

영지주의자들은 구원이란 영적 각성과 깊은 지식을 통해 이루어진다고 믿었다. 그들은 사람들이 자신의 영적인 본질을 깨닫고, 이를 통해 더 높은 신과 연결될 수 있다고 강조했으며 이를 위해 그들은 비밀스러운 의식과 특별한 교리를 중요하게 생각했다.

4) 영지주의자들이 보는 예수

어떤 영지주의 그룹들은 예수를 최고신과 연결된 영적 메신저로 보며, 그의 교훈을 통해 비밀 지식을 전달했다고 본다.

영해를 대적하는 바이블 리터러시

3. 영지주의자들이 보는 창조주

영지주의자들이 창조주를 어떻게 이해했는지 아래의 개념을 살펴봄으로써 이해할 수 있다.

1) 에온(Aeons)

에온은 영지주의에서 신성한 존재들이나 속성을 나타내는 개념이다. 에온들은 일반적으로 하나의 신적 실체에서 발현된 다양한 속성이나 힘으로 여겨지는데 가장 높은 신적 실체는 '플레로마' 혹은 '충만(Fullness)'이라고 불리며, 여기서 여러 에온들이 발현된다.

2) 충만(Pléroma)

플레로마는 모든 신성한 존재와 속성들의 총합을 의미하며, 완전한 신적 영역을 나타낸다. 충만은 신성한 빛과 완전함으로 가득 찬 상태를 의미하며, 여기서 에온들이 나와 존재하게 된다.

3) 소피아(Sophia)

소피아는 지혜를 상징하는 에온이며, 영지주의에서 중요한 역할을 한다. 소피아는 플레로마(충만)에서 나왔지만, 신적 질서에서 벗어나 실수를 저지르면서 물질세계의 창조가 시작되었다고 여겨진다. 소피아의 실수로 인해 불완전한 물질세계와 낮은 신적 존재(데미우르고스)가 생겨났다.

4) 데미우르고스(Demiurge)

영지주의에서 데미우르고스는 물질세계를 창조한 낮은 신적 존재로, 일반적으로 영지주의자들은 이 존재를 부정적인 의미로 본다. 데미우르고스는 소피아의 실수로 인해 생겨난 존재로, 진정한 신적 영역과는 멀리 떨어져 있다.

이와 같이 영지주의자들은 창조주 개념을 복잡한 신성한 존재들의 계층 구조로 이해했으며, 최상의 신적 존재와 낮은 창조주 사이에 많은 중간 존재들이 있다고 믿었다. 그들은 물질세계와 물질세계의 창조주(데미우르고스)를 부정적으로 보며, 진정한 구원은 영적 각성과 지식을 통해 플레로마(충만)로 돌아가는 것으로 여겼다.

이 영지주의는 현대에도 다양한 형태로 재조명되고 있으며, 초기 기독교 시대의 복잡한 신앙 체계와 다양성을 이해하는 데 중요한 역할을 한다.

영해는 이러한 영지주의의 특징들 위에서 알레고리 해석을 해 나가는 것이라 할 수 있는데 이단들이 성경해석에 이를 적극적으로 차용하고 있어 그 위험성이 큰 것이다.

4. 영해와 알레고리 해석이 갖는 문제점들

영해는 자의적 해석이 주를 이루므로 극단적인 주관주의, 왜곡의 위험, 오용의 위험이 있다. 영해는 상징만 사용하는 것이 아니다. 문자주의도 영해가 될 수 있다. 이단들의 요한계시록 해석을 보면 어떤 부분은 문자주의로 어떤 부분은 상징으로 그때그때 필요에 따라 문자와 상징을 넘나들며 해석하고 있는 것을 보게 된다. 그러므로 상징으로 해석하면 영해이고, 문자 그대로 해석하면 영해가 아니라는 단순한 접근은 위험하다.

이단들이 잘 쓰는 말 중에 "우리는 성경에 쓰인 것만 믿는다"라는 말이 있다. 그리고 어떤 목회자 중에는 마치 성경의 원어에 충실한 것처럼 히브리어나 헬라어 원어의 여러 의미를 풀어놓은 후에 그다음은 그원어의 의미 중의 하나를 가지고 상상의 나래를 펴며 설교를 해 나간다. 이런 종류도 얼핏 보면 성경의 원문을 정확히 설명하고 풀어내는 것 같지만 결국 내용에 있어서는 영해의 한 종류가 된다.

성경 본문은 결코 진공상태에서 쓰이지 않았고 역사적 상황과 문맥속에서 탄생했다. 그런데 문맥을 배제하고 성경의 원어 한두 개의 의

영해를 대적하는 바이블 리터러시

미를 따로 떼어내 자기 식대로 풀이하는 것은 오히려 설교자의 컨텍스트가 들어간 또 다른 '영해'가 될 수밖에 없다.

어느 책에서 읽은 이상한 해석 하나를 소개한다. 이런 잘못된 해석들이 얼마나 해괴한 결론을 만들어 내는지 독자들도 놀랄 것이다. 창세기 4장 1절을 예로 들어 보겠다.

"…이르되 내가 여호와로 말미암아 득남하였다 하니라"

이 구절에서 히브리어 동사 '카나'가 쓰였는데 '얻다', '소유하다'라는 의미이다. 하와는 여호와의 도움으로 아들을 얻었다고 표현하며, 이는 신의 축복과 개입을 감사하는 말로 해석된다. 그러나 이 '카나'라는 동사가 시편 139편 13절 같은 곳에서는 '창조'의 의미로 사용되었다.

"주께서 내 내장을 지으시며('카나') 나의 모태에서 나를 만드셨나이다"

그래서 어떤 설교자는 이 본문을 해석할 때 원문을 충실히 따른다며 "나(하와)는 여호와와 함께 사람을 만들었습니다"(또는 낳았습니다, 창 4:1)라고 해석했다.

그런데 어떤 사이비 종교에서는 이 본문을 위와 같이 번역하며 야훼가 하와와 성적 관계를 맺었다는 해석으로까지도 나아갔다고 하니 실로 통탄할 노릇이 아닐 수 없다.

많은 사람이 알레고리를 찾는 것은 문자가 말하는 것보다 문자의 이면에 더 깊은 영적 의미가 담겨 있다고 믿기 때문이다. 성서에 담긴 깊은 의미를 탐구하는 것은 좋은 자세이지만 알레고리적 해석의 가장 큰 문제는 성경 본문의 역사적, 문자적인 의미를 무시한 채 문자 이면의 의미에 집착한다는 것이다.

성경은 성령님의 감동으로 쓰인 책이기에 반드시 그 해석이 예수 그리스도로 귀결되게 되어 있다. 구약의 선지자들이 예언한 메시아가 예수임을 알려 주시는 분이 성령님이시다. 성령님께서 말씀을 통해 조명해 주시는 것은 아무도 모르는 비밀이나 진리가 아니라 이미 알려진 비밀인 그리스도이시다. 많은 사람이 영해라는 핑계로 성경에 대한 자의적인 해석[31]을 시도하는 데 대해서 케빈 밴후저(Kevin Vanhoozer)는 성령님은 성경 본문에 새로운 뜻을 더하는 것이 아니라 이미 있는 뜻에 활력과 능력을 부여한다고 설명한다. 성령님은 기록된 본문의 의미를 깨닫고 받아들일 수 있도록 독자의 마음을 조명하는 역할을 한다는 것이다.[32]

성령님은 그 누구에게도 문맥을 떠나 상징을 주관대로 해석할 수 있는 권한을 주시지 않았다. 이단들의 성경해석은 문맥을 벗어난 자의적 해석이며, 상징이 문맥을 압도해 버리는 위험한 해석이라고 할 수 있다. 문맥과 장르의 구별을 고려하지 않는 성경해석은 성경해석이라고 할 수 없다. 그것은 진리를 왜곡하는 것이다.

---

31) 자의적 해석이란 '일정한 질서를 무시하고 제멋대로 하는' 해석이다.
32) 길성남, 『성경이 무엇을 말하느냐?』(서울: 성서유니온, 2014), 32.

영해를 대적하는 바이블 리터러시

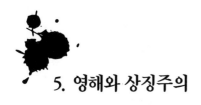

5. 영해와 상징주의

상징주의는 성경의 내용을 해석하고 이해할 때, 직접적으로 명시되지 않은 의미를 상징이나 은유를 통해 표현하는 방법이다. 이는 특정한 이미지, 비유, 사건, 인물 등을 통해 표면적인 의미를 넘어서 숨겨진 또는 더 깊은 의미를 찾고자 한다.

상징주의는 성경해석에서 중요한 도구가 될 수 있다. 예를 들어, 성경에서 사용되는 양은 종종 순결과 희생을 상징하며, 사자는 권능과 왕권을 나타낸다. 이러한 상징을 이해하면 성경의 메시지를 더욱 풍부하게 해석할 수 있다.

그러나 상징주의에는 주의가 필요하다. 지나치게 상징적인 의미를 부여하여 본래 의도와 다르게 해석하는 것을 피해야 한다. 앞서 살펴본 마르시온 이단의 문제는 복음을 아무 역사적 맥락도 없는 것으로 보려 했다는 것이다. 상징주의를 사용할 때는 성경 본문의 역사적 배경과 문맥적 의미를 고려하여 해석해야 오류를 막을 수 있다.

상징주의를 올바르게 활용하면, 성경의 메시지를 깊이 이해하고 신앙의 의미를 풍부하게 만들 수 있다. 하지만 지나친 상징 해석은 본래의 의도를 왜곡할 위험이 있으므로, 균형 있는 접근이 필요하다.

사이비나 이단 종교 단체들이 성서의 상징을 오용하거나 왜곡해 신도들을 오도하는 사례는 너무나 많다. 몇 가지 대표적인 예는 다음과 같다.

1) 144,000(신천지)

신천지는 요한계시록의 내용과 상징을 교주 이만희를 중심으로 해석한다. 요한계시록 7장에 나오는 144,000명이 바로 신천지의 신도들이며, 이만희 교주가 '약속의 목자', '보혜사', '진리의 성령'으로 나타나 최종적인 구원을 가져온다고 가르친다.

2) 왜곡된 상징(신천지의 비유 풀이 예)

신천지는 마태복음 13장의 가라지 비유를 왜곡해서 자신들의 교리를 '좋은 씨'라고 가르치며, 기존 교회의 가르침은 '가라지'와 '짐승의 씨'로 비유한다. 신천지는 기존 교회의 지도자들을 '짐승'이라고 주장하며, 기존 교회의 가르침은 사람들의 영혼을 타락시키는 거짓된 교리라고 강조한다. 또한, 신천지는 자신들을 '생명나무'로, 기존 교회를 '선악나무'로 비유하는데 이러한 왜곡된 상징을 통해 자신들의 교리만이 참되다고 가르친다. 이는 신도들을 통제하고 기존 교회를 불신하게 하려는 전략으로 볼 수 있다.

3) 성경의 동방(땅끝)은 대한민국(한국의 이단)

한국의 이단 교주들은 성경 이사야서와 계시록에 나오는 '동방', '땅끝', '해 돋는 곳'이 대한민국을 상징하며 오리라고 예언된 구원자가 바로 자신이라고 주장한다.

"내가 동방에서 독수리를 부르며 먼 나라에서 나의 모략을 이룰 사람을 부를 것이라 내가 말하였은 즉 정녕 이룰 것이요. 경영하였은 즉 정녕 행하리라"

– 사 46:11

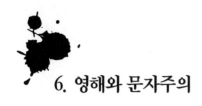

6. 영해와 문자주의

　문자주의 해석이란 '성경 본문이 갖고 있는 다양한 문학적 장르를 무시하고 모든 본문을 문자적인 의미로만 해석하려는 입장'을 의미한다. 잘못된 성경해석은 여러 세대에 걸쳐 매우 파괴적인 결과를 낳을 수 있다. 예를 들어, 고집스러운 문자주의나 신비주의 같은 것이다.

　신천지는 정통 교회가 계시를 문자로 푼다고 오도하며, 그 증거를 여러 목회자들의 계시록 해석이 다르다는 것에서 찾는다. 그러나 문제는 문자로 푸느냐, 상징으로 푸느냐가 아니다. 중요한 것은 성경을 적절하게 해석하는 것이다. 성경에 그렇게 기록되어 있기 때문에 의심 없이 믿는다는 타협 불가한 문자주의가 강한 믿음이나 순전한 믿음이라고 자랑할 것은 아니다.

　이단에 빠진 사람들이 자랑스럽게 말하는 것 중 하나가 "우리는 성경만 믿는다"라는 것이다. 이 말 속에는 성경에 쓰여 있으면 다 하나님의 말씀이고, 문자로 쓰여 있지 않으면 성경 말씀이 아니라는 심한 문자주의의 문제가 들어 있을 수 있다.

　문자주의 해석의 잘못된 예를 하나 들어 보자. 이 예시는 성경을 해석할 때 지나치게 문자적으로 접근하면 어떤 오류가 생길 수 있는지를 보여 준다. 이사야 60:8의 "저 구름같이, 비둘기같이 그 보금자리로 날아가는 것같이 날아오는 자들이 누구냐"라는 구절을 요즘 어느 한 연예인이 이렇게 해석하고 있다. "하나님이 이 장면을 이사야한테 보여 줬는데 그 당시에는 비행기가 없었으니까 비행기라고 설명해도 이해가 안 될 것 아니냐, 그래서 '비둘기같이 날아오는 자들'이라고 표현한 거다." 이 사람은 이사야 60:8에 나오는 '구름같이, 비둘기같이 날아오는 자들'이라는 표현을 현대의 비행기를 타고 날아오는 모습으로 해석하고 있다. 나라 없이 흩어졌던 유대인들이 이스라엘 국가가 세워지면서 고향으로 귀환하는 것에 끼워 맞추려다 보니 이런 억지 해석이 나온 것이다. 유대인들이 귀환할 때 비행기를 타고 온 사람들만 있었을까? 배를 타고 온 사람들도 많았을 것이다.

이 예시를 통해 우리는 성경해석에서 문자주의의 한계를 명확히 알 수 있다. 문자 그대로의 의미에 집착하면 성경 본문의 진정한 메시지를 왜곡할 위험이 있다. 따라서 성경 구절을 해석할 때는 그 시대의 문화적, 역사적 배경을 고려해야 하며, 지나치게 문자적으로 접근하는 것은 경계해야 한다.

지금까지의 이야기를 종합해 보면 문자주의, 상징주의 모두 그 방향이 어디로 향해야 할지를 보여 준다. 어떤 이단들은 성경을 문자적으로만 해석해서 자기들의 신념을 받쳐 주는 이론으로 쓴다. 또 어떤 이단들은 성경 본문을 상징적으로 해석하거나 비유적으로 해석해서 자기들 신념을 정당화하는 도구로 쓰기도 한다. 이단들은 이렇게 필요에 따라 문자주의와 상징주의를 넘나들며 왜곡, 오용된 해석을 해 나가고 있다.

7. 영적 엘리트주의

영지주의의 핵심에는 영적 엘리트주의가 자리 잡고 있다. 영지주의의 영향을 받은 '영해' 안에서도 이러한 문제점들이 발견되고 있는데 그 내용은 다음과 같다.

첫째, 신앙 공동체 내의 분열을 초래한다. 영지주의자들은 자신들을 일반 신자들보다 더 우월한 위치에 두며, 특별한 지식을 가진 소수만이 구원받을 수 있다고 주장한다. 이는 교회의 통합과 화합을 해치며, 신앙의 본질을 왜곡하게 만든다.

둘째, 영적 엘리트주의는 성경의 본래 의미를 왜곡한다. 영지주의자들은 성경을 자신들의 철학과 사상에 맞춰 해석하며, 이를 통해 자신들만의 특권적 지식을 구축한다. 이러한 해석 방식은 성경의 원래 의도와 맥락을 무시하고, 자의적인 해석을 통해 신자들을 혼란에 빠뜨린다.

셋째, 영적 엘리트주의는 구원의 보편성을 부정한다. 기독교 신앙은 모든 인류에게 열려 있는 구원의 길을 제시하지만, 영지주의자들은 특정한 영적 지식을 통해서만 구원에 이를 수 있다고 주장하면서 구원을 제한된 소수만이 누릴 수 있는 특권으로 전락시킨다. 이는 예수 그리스도의 구속 사역을 축소시키고, 하나님의 사랑과 은혜를 왜곡하는 결과를 초래한다.

많은 기독교 영지주의자들은 자신들을 예수로부터 비밀스러운 지식을 전수받은 참다운 기독교인이라고 여겼으며, 이러한 생각 속에는 자신들을 특별한 사람으로 여기는 엘리트주의가 포함되어 있었다.

이러한 영적 엘리트주의는 오늘날 신천지 같은 이단에서도 뚜렷하게 나타난다. 신천지의 교주 이만희는 자신이 하나님으로부터 직접 계시를 받았다고 주장하며, 자신만이 특별한 지식을 소유하고 있다고 주장한다. 그는 예수님의 영이 자신에게 임했다고 주장하며, 자신이 보혜사이자 이긴 자라고 선언한다. 이렇게 신천지에서는 특정 인물, 즉 교주 이만희가 계시와 진리를 배타적으로 소유하고 있다는 주장을 세뇌하는데 이는 영지주의 전통의 엘리트주의가 강하게 드러나는 부분이다.

그들의 비유 풀이 역시 일종의 엘리트 그룹으로 들어가는 도구로 사용되며 이 비유 풀이를 전수해 주는 교주가 바로 그들을 특별한 존재가 되게 하는 최고의 계시 수여자가 된다. 이러한 모습은 영지주의 교부들이 소수의 사람만이 참된 지식과 계시를 소유하고 있다고 주장하던 것과 유사하다.

초기 교부들은 소수의 사람만이 참된 지식과 계시를 소유하고 있다는 사고에 강한 반발심을 가졌다. 그들은 이러한 행태를 사도들로부터 전승을 이어받은 교회의 권위에 대한 명확한 도전으로 이해했다. 계시는 그리스도로 말미암아 모든 이에게 온전히 드러났으며, 개인의 권위는 교회의 권위보다 앞설 수 없다. 성령께서 주시는 해석이라면 그 중심에 엘리트 의식이 아닌 예수 그리스도가 드러나야 한다.

이렇게 보면, 영지주의와 같은 이단 사상은 자신들만의 특별한 지식과 계시를 통해 영적 엘리트주의를 형성하고, 교회의 권위와 진리를 왜곡하는 문제를 일으킨다.

이러한 영해의 문제점을 인식하고, 교회의 전통을 존중하며 성경을 바르게 해석하고 신앙생활을 겸손하게 유지해 나가는 것이 중요하다.

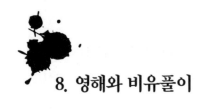

8. 영해와 비유풀이

이단들은 성경에 나오는 특정 개념이나, 상징, 비유를 가지고 오히려 그들의 스토리를 만들어 가고 있다. 마치 옛날 끝말잇기 게임에 나오는 "빨간색이면 사과, 사과는 맛있어, 맛있으면 바나나, 바나나는 길어, 길면 기차…"라고 하는 식으로 연상되는 단어를 연결하여 마치 성경의 비밀을 푸는 식이다.

교회가 가져야 할 비유에 대한 올바른 접근은 성경 말씀을 쉽게 이해하도록 하기 위한 표현 방법의 하나로 보는 것이다. 그러나 많은 이단은 하늘의 영적 이치를 땅의 육적인 것을 들어 설명한다고 하면서 비유를 비밀로 감추어진 것이라고 강조한다. 신천지 이단은 비밀-예언-비유의 상관성을 강조하며 자연스럽게 이어 나가다가 예언 속에 있는 비유를 깨우치는 것이 구원을 결정한다고 아예 선을 넘어 버린다.

이상에서 살펴보았듯이 성경은 문맥적 해석을 통해 그 의미를 정확히 드러내야 하는 책이다. 그럼에도 불구하고 이단들은 성경이 마치 누가 비유를 더 잘 풀이하는가에 따라 정확해지는 책인 것처럼 해석의 규칙을 비틀어 버렸다. 성경을 해석할 때는 통일성, 역사성, 연속성을

영해를 대적하는 바이블 리터러시

잘 이해하는 것이 무엇보다 중요하다.

예수님이 '비유'로 말씀하신 이유?

구약성경에서 비유라는 말을 찾아보면 원어로 '마샬(mashall)'이란 단어를 사용하는데 그 뜻은 '비교를 통해 어떤 사물의 속성을 나타내는 표현법'이다. 이를 헬라어로 번역할 때 '파라볼레'로 번역했는데, 파라볼레(Parabole, 헬 παραβολη)의 의미 역시 '사물을 나란히 놓다, 옆에 놓다'라는 뜻으로 어떤 것을 이해시키기 위해 다른 것을 옆에 놓고 비교하여 표현하는 방법을 말한다.

예수님은 왜 비유로 말씀하셨을까?

첫째는, 제자들에게는 천국의 비밀을 알려 주고, 둘째는, 외인들에게는 천국의 비밀을 감추기 위해서이다. 예수님의 때가 이르기 전까지는 대적자들과 불필요한 논쟁을 피하려 하셨기 때문이다.

이처럼 예수님의 비유는 예수님을 믿고 따르는 자들에게는 천국의 놀라운 비밀을 알 수 있는 축복의 수단이 되지만, 반대로 불순종의 사람들에게는 천국이 감춰지는 심판의 수단이 되었다. 예수님의 제자들조차 이 비유를 다 깨달았던 것은 아니라는 것을 볼 수 있다.

교회 역사 2000년 동안에도 사람들의 이해 부족과 알레고리적 해석법의 잘못된 사용으로 비유의 진정한 의미가 상실되거나 왜곡되어 전달되기도 하였다. 하지만 잊지 말아야 할 분명한 사실은 예수에 대한 비유의 주된 기능은 어디까지나 천국을 보여 주는 계시의 기능이었다는 것이다. 만일 그렇지 않다면 예수님은 아예 비유를 말씀하지 않으셔야 했다. [33)]

예수님의 비유 해석 원리

예수님의 비유를 올바르게 해석하려면 몇 가지 중요한 원칙을 고려해야 한다.

첫째, 비유가 쓰인 성경 본문의 배경을 고려해야 한다. 비유의 배경이 되는 주후 1세기 당시 팔레스타인 지역의 종교적, 지리적, 사회적, 경제적 상황 속에서 비유를 해석하는 것이다.

둘째, 비유를 사용하고 있는 성경 저자의 의도와 문맥의 문학적 구성을 고려해야 한다.

셋째, 비유에서 말하고자 하는 하나의 중심적인 요점을 놓치지 말아야 한다. 하나의 의미에 너무 기계적으로 매여서는 안 되며 무엇보다 알레고리적 해석을 가급적 피해야 한다.

넷째, 예수님의 비유의 중심 주제인 하나님 나라에 대한 올바른 이해를 가지고 해석해야 한다. [34)]

---

33) 최갑종, 『예수님의 비유』(서울: 이레서원, 2001), 39.
34) 최갑종, 『예수님의 비유』(서울: 이레서원, 2001), 41.

잘못된 알레고리 비유의 예들

1) 선한 사마리아인의 비유를 알레고리적으로 해석

초기 교부 오리겐은 선한 사마리아인의 비유를 알레고리적으로 해석하였다. 그는 여행자를 아담으로, 강도를 악마로, 제사장과 레위인을 율법과 예언으로, 사마리아인을 예수 그리스도로, 여관을 교회로 보았다. 상처를 치료하는 것을 죄의 용서와 구원으로, 두 데나리온은 하나님 사랑과 이웃 사랑을 상징한다고 해석했다. 오리겐의 해석은 비유의 원래 의도를 복잡하게 만들어 단순한 이웃 사랑의 교훈을 신학적, 교리적 해석으로 변형하였다. 이는 비유의 실질적이고 실천적인 교훈을 흐리게 할 수 있다.

2) 리브가가 아브라함의 종을 만난 이야기(창 24장)를 오리겐이 알레고리적으로 해석

오리겐은 창세기 24장에서 리브가는 모든 신자를, 우물은 성경을, 아브라함의 종은 예언의 말씀을 상징한다고 해석했다. 그는 리브가처럼 우리도 날마다 성경의 우물로 가서 성령의 물, 곧 하나님의 말씀을 길어야 하며, 그렇게 하면 우리도 리브가가 이삭을 만나 결혼한 것처럼 그리스도를 만나 그분과 결혼할 수 있다고 주장한다.

3) 여리고성 함락기사(수 6장)를 알레고리적으로 해석

일부 신비주의적 해석자들은 여리고성 함락 사건을 영적 전쟁과 개인의 내적 갈등으로 해석한다. 이들은 여리고성을 인간 마음속의 죄와 악으로, 이스라엘 군대를 신앙과 기도의 힘으로, 여리고성의 함락을 영적 승리와 내적 정화로 비유한다.

이러한 해석 방식은 본문을 문자 그대로의 역사적 사건으로 보지 않고, 지나치게 영적으로 해석하여 원래의 의미를 왜곡할 수 있다. 이는 성경의 역사적 사건을 실제로 일어난 일로 이해하는 대신, 상징적이고 내면적인 의미로만 받아들이게 만들 수 있다. 성경 해석에서는 본래의 문맥과 역사적 배경을 존중하는 것이 중요하다.

4) 기드온과 300용사의 알레고리적 해석

기드온과 300용사는 한 손에 나팔을, 다른 손에는 횃불을 감춘 항아리를 들고 한밤중에 미디안 진영으로 쳐들어간다. 그리고 일제히 나팔을 불면서 항아리를 깨뜨리고 횃불을 높이 든다(삿 7:15-25). 일부 해석자들은 항아리를 신자의 몸, 횃불을 성령으로 비유하며, 세상과의 싸움에서 승리하려면 우리 안에 성령을 모셔야 한다고 주장한다.

5) 요나단이 믹마스에서 블레셋과 싸울 때 꿀을 먹은 사건(삼상 14:24-46)의 알레고리 해석

어떤 설교자는 사무엘상 14장에 나오는 '꿀'을 하나님의 말씀으로 해석한다. 그 근거로 잠언 16:24의 "선한 말은 꿀송이 같아서 마음에 달다"와 요한계시록 10:10의 "작은 두루마리를 갖다 먹어버리니 내 입에는 꿀같이 달았다"는 말씀을 제시하며, 꿀이 하나님의 말씀을 상징한다고 주장한다. 또한, 요나단이 꿀을 찍어 먹고 눈이 밝아진 것을 영적인 깨달음으로, 꿀을 먹고 블레셋과의 전쟁에서 승리한 것을 성도들이 말씀을 먹어야 사탄의 유혹을 물리치고 승리할 수 있다는 의미로 설명한다.

제5장

이단 예방의 대안

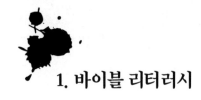

1. 바이블 리터러시

요즘 문해력(Literacy, 리터러시)이라는 용어가 자주 언급되고 있다. 문해력은 단순히 글자를 읽고 쓸 수 있는 능력을 넘어, 글의 내용을 깊이 이해하고 파악하는 능력을 말한다. 글자는 잘 읽지만, 그 내용을 제대로 이해하지 못하는 경우, 문해력이 부족하다고 말한다.

처음 한국에 '문해'라는 말이 들어왔을 때는 문맹과 반대되는 개념, 즉 글자를 깨치는 의미로 사용되었다. 당시에는 글자를 깨치지 못한 사람들이 많았기 때문이다. 그러나 최근에는 글자를 읽고 쓸 줄 아는 것을 넘어서, 그 내용을 이해하고 해석하는 데까지 리터러시의 의미가 확장되었다.

여기에 덧붙여 리터러시는 단순히 개인의 깨달음에 그치지 않고, 인간이 살고 있는 공동체와 밀접하게 연결된다. 왜냐하면 인간은 혼자 사는 존재가 아니라 세상에서 함께 살아가야 하는데 그 속에서 관계를 맺으며 공동체에 기여하고 그 공동체를 발전시켜 가려면 리터러시 능력이 필수가 되기 때문이다. 더구나 지금처럼 사회가 날로 복잡하고 다원화되어 가고 있는 때에는 리터러시 능력이 더욱 요구되고 있다.

리터러시는 시민사회에서 필수적인 요건이며 그 리터러시는 기호의 이해와 함께 시작된다. 인간 사회에서는 다양한 기호를 통해 의미를 표현하는데 한글의 기역과 니은, 영어의 알파벳, 음악의 악보, 그리고 컴퓨터 프로그래밍 언어 모두 기호의 일종이다. 이러한 기호를 잘 배워야 이를 통해 의미를 이해하고 타인과 효과적으로 소통할 수 있는 것이다.

그런데 우리가 사는 사회에는 기호로서의 글자는 읽을 줄 알지만, 그 의미를 잘 다루지 못하고 따라서 소통에 문제가 있으며 공동체에도 기여하지 못하는 사람들이 많다. 우리는 그들을 '실질적 문맹인'이라 부른다. 이들은 사회가 요구하는 텍스트를 이해하는 능력, 이를 통해 얻은 정보를 해석하고 비판적으로 사고하는 능력, 그것을 활용하여 공동체의 일원으로서 의미 있는 기여를 할 수 있는 능력이 턱없이 부족하다.

일반적 리터러시는 다음의 세 가지 능력을 포함한다.

첫째, 리터러시는 텍스트를 읽고 이해하며, 그를 바탕으로 생각하고 글을 쓸 수 있는 기본적인 읽기와 쓰기 능력이다.

둘째, 리터러시는 텍스트를 분석하고 평가하며, 정보의 신뢰성을 판단할 수 있는 비판적 사고 능력이다.

셋째, 리터러시는 텍스트의 문맥을 고려하여 의미를 파악하고, 텍스트의 목적과 의도를 이해하는 문맥 이해 능력이다.

이 리터러시의 관점에서 성경을 이해한다는 것에 대해 생각해 보자. 바이블 리터러시(성경 문해력)는 성경 본문 자체의 의미를 성경 전체가 말하려고 하는 주제와 일치하도록 모든 요소를 고려하여 올바르고 깊이 있게 이해하는 능력을 의미한다.

이는 성경의 문맥, 역사적 배경, 문화적 요소, 문학적 장르 등을 종합적으로 분석하여, 하나님의 말씀을 정확히 파악하고 그 가르침을 신앙 생활에 적용할 수 있는 능력을 포함한다.

이때 성경의 기본 내용을 이해하지 못하거나 성경에서 벗어난 해석과 주장으로 크리스천 공동체와 연결되지 못하는 사람들이 있을 수 있다. 이러한 사람들을 바이블 문맹자라고 할 수 있다.

바이블 리터러시(성경 문해력) 역시 다음의 능력을 포함한다.

첫째, 바이블 리터러시는 성경 텍스트를 읽고 그 내용을 이해하는 기본적인 읽기와 이해 능력이다.

둘째, 바이블 리터러시는 성경의 구절을 분석하고, 그 의미와 적용을 평가할 수 있는 비판적 사고 능력을 포함한다.

셋째, 바이블 리터러시는 성경의 문맥, 역사적 배경, 문화적 요소, 문학적 장르 등을 고려하여 성경 본문의 의미를 파악하고, 성경 전체가 전달하려는 주제와 일치하도록 이해하는 문맥 이해 능력을 포함한다.

이렇게 문해력이 단순한 읽기 능력을 넘어서 공동체의 성장과 발전을 이끄는 중요한 요소라고 할 때 바이블 리터러시 능력이 떨어지는 작금의 상황은 당연히 교회공동체가 약화되고 하나님과의 소통이 막히게 되는 결과를 가져오게 된다. 이단과 사이비의 출현이 빈번한 것도 성경 문해력의 약화가 큰 역할을 하고 있다는 것을 알 수 있다.

조지아주 애틀랜타에 소재한 아포스톨로스 교회의 담임목사 유세프는 크리스천포스트(CP)와의 인터뷰에서 미국 교회의 심각한 문제로 "기독교인들 사이에 점점 더 증가하는 성경 문맹률"을 언급했다. 성경을 읽지 않는 사람도 많아지고 있지만, 성경을 읽기는 읽지만 전혀 무슨 소리인지 이해가 안 되는 사람들도 많아지고 있는 현실을 잘 보여주고 있다.

크리스천이 성경에 대해 문맹이 되면 이단이나 사이비 교리의 잘못된 해석에 쉽게 현혹될 수 있으며, 그 가르침을 비판적으로 분석하지 못하고, 잘못된 행동을 취할 가능성이 높아진다. 그렇다면 왜 사람들이 점점 성경의 문맹자가 되어 가는지 생각해 보자. 여기에는 현대의 정보 환경이 가져다준 요인도 한몫하고 있다.

2. 현대 정보 환경과 성경 이해의 도전

인터넷 시대에서 사람들의 지식 습득 경향이 달라져 버렸다. 책에서 만나는 정보는 대개 순차적으로 읽어 나가면서 맥락을 함께 알게 되는 선형적[35] 구조를 하고 있다. 하지만, 인터넷에서 얻는 정보는 기본적으로 비선형적이고 고립적이다. 사건들이 시간적 순서와 상관없이 섞여 있고 다양한 패턴이나 상호작용에 따라 복잡하게 배열되어 있다. 사람들이 검색을 통해 만나는 정보는 보통 배경이나 맥락에 대한 충분한 고려가 없이 단편적이고 즉각적으로 주어지는 경우가 많다. '가장 인기 높은 정보'이거나 '만족도 높은 정보', '빠른 정보'가 대부분의 사람을 찾아간다. 이런 흐름 속에서 사람들은 정보에 쉽게 접근하게 되었지만, 맥락과 배경에 대한 이해를 건너뛰기도 쉬워졌다.

사람들의 성경을 대하는 방식도 이런 세상의 흐름에서 자유로울 수 없다. 궁금하거나 알고 싶은 것이 있으면 즉시 챗GPT 같은 인공지능이나 구글링 등을 통해 쉽게 정보를 얻는다. 이런 외부 환경의 변화 속에

---

35) 선형적(linear): '직선(line) 모양'을 뜻한다. 선형적 읽기란 책을 1쪽, 2쪽, 3쪽 이렇게 차례대로 읽어 나가는 것을 말하며 이때 선형적이란 '순차적, 일방향적'을 뜻한다.

영해를 대적하는 바이블 리터러시

서 스스로가 성경을 차근차근 읽으며 해석하고 의미를 찾아가는 주체적 행동을 하지 못함으로써 점차적으로 성경 문맹자가 되어 갈 수밖에 없다. 이것을 벗어나는 길은 기호 역할을 할 수 있는 성경의 빅픽처와 성경의 기본기에 대하여 시간을 들여 습득하는 것이다. 그리고 그것들을 연결하여 전체적이고 통합적인 지식에 이를 수 있는 능력을 갖추는 것이다.

성경을 이해하는 것에 있어서는 특히 더 폭넓고 세심한 능력이 필요하다. 앞으로 점차 세대 간, 계층 간 문해력 충돌 현상이 생겨날 것이고, 또한 사회적으로는 '가짜뉴스'로 불리는 허위 왜곡 정보의 범람과 영향력 확대가 큰 문제가 될 것이다. 이런 변화 속에서 교회는 새롭게 요구되는 문해력을 키워 주는 적절한 준비가 되어 있는지 점검해 보아야 한다. 이단들은 벌써 이런 변화에 소셜 미디어와 유튜브 등에 일찍 진입하며 발 빠르게 대처하고 있는 듯이 보인다.

필자 역시 신앙에 관한 여러 정보의 도움을 얻기 위해 인터넷을 검색할 때가 많은데 깜짝깜짝 놀랄 때가 있다. 처음엔 그럴듯하지만 읽어 갈수록 이상하다거나 아예 처음부터 왜곡된 내용으로 눈길을 사로잡는 사이비 이단들의 그럴싸한 글들이 너무 많기 때문이다.

교회들이 적극적으로 대처하지 않으면 성도들이 더 많은 허위와 왜곡 정보의 피해자가 될 수 있다. 이때 적절한 바이블 리터러시로 무장하여 분별력을 잃은 영혼들이 이단의 먹이가 되지 않도록 힘써야 한다. 지금 이단들은 활동하기에 아주 좋은 시대를 만났다. 그들은 이 시기를 틈타 잘못된 사상, 자극적인 내용들을 무차별적으로 쏟아 내고 있다.

3. 왜 바이블 리터러시인가?

　하나님 나라 백성이 되는 데 바이블 리터러시는 필수다. 하나님의 의지가 담겨 있는 성경을 알지 못하고서는 하나님의 뜻을 알 방법이 없으며 하나님의 백성으로서 세상과 소통할 아무런 도구도 없는 것이다.

　크리스천들에게 바이블 리터러시는 '성경의 사람들'이라는 자신의 정체성을 찾아가는 과정이다. 이단 사이비의 공격에 지혜롭게 대처하기 위해서도 바이블 러터러시는 중요하다고 할 수 있다. 이단들에게 교회의 성도들은 성경에 무지한 사람들로 보일 뿐이다. 그들은 교회를 추수할 밭으로 보며 교회들이 성도들에게 먼저 꽂은 허술한 깃발을 뽑아내고 다시 꽂으려 시도한다. 이단만의 프레임을 만들어 판을 다시 깔고자 하는 것이다.

　상대방은 이렇게 치밀한 계획을 가지고 프레임으로 접근하는데 교회들은 그저 이단들의 잘못된 교리를 하나하나 각개전투식으로 방어하든지, 아니면 표면에 드러난 몇 가지 위험 요소들에 대해서만 경계령을 내리며, 단순하게 대처하는 것은 적절하지 않다.

　유세프 목사는 "성경 문맹이 만연하고 있고, 사람들이 하나님의 말씀에 기초가 서 있지 않으니 속임수나, 거짓 가르침이나 무엇에든지 속게 될 것"이라고 말한다. 교회들은 지금이라도 긴박성을 갖고 성경 전체를 꿰뚫어 볼 수 있는 프레임이나 신학 체계, 교리의 틀을 잘 세워 나가야 한다. 그래서 성경을 올바로 이해할 수 있도록 격려하고 도와야 한다. 지금은 바이블 리터러시가 그 어느 때보다 필요한 시기이다.

4. 성경과 프레임의 전체적 이해

성경은 한두 번만 읽으면 전체가 이해되는 그렇게 쉽고 간단한 책은 아니다. 성경을 올바로 이해하기 위해서는 많은 연관 지식과 이해가 필요하다. 성경은 종합적인 지평들 안에서 이해되어야 한다. 만일 성경 이야기의 기초가 잘 다져지지 않은 상태에서 성경 지식이 여기저기에서 들어온다면 오히려 혼란만 가중시킬 뿐이다. 따라서 먼저 갖추어야 할 능력은 성경에 나오는 수많은 인물과 장소와 사건과 주제들을 성경적 관점을 가지고 큰 그림을 그리는 것이다. 그리고 나서 다시 세밀하게 체계를 세워 나가야 한다.

하나님의 계시는 씨앗의 형태로 주어져 점진성을 갖고 성장해 가다 마지막에 아름답게 드러나게 된다. 그래서 독자들은 전체의 이야기를 먼저 파악한 상태에서 언약의 성취, 역사를 통한 연속성 등을 모두 고려해 성경을 읽어야 한다. 성경의 부분에만 집착한다든지 문법적인 해석이나 본문에만 치중할 때는 숲속에서 길을 잃고 방황하는 일이 벌어질 수 있다.

성도들은 전체 숲에 해당하는 성경의 전체 이야기를 붙들어야 한다.

성경 스토리 전체의 프레임을 세운 상태에서 읽어 가는 성경이 될 때라야 바이블 리터러시가 향상되고 이단과의 진리 싸움에서도 승리할 수 있을 것이다.

　다시 강조하지만, 성경은 종합적인 지평들 안에서 이해되어야 한다. 언약에 대해서, 역사에 대해서, 성경해석적 방법에 대해서 잘 알아야 하고, 동반해야 할 다른 학문에 대한 지식과 이해도 필요하며, 성경을 들고 나가야 할 세상도 이해하고 있어야 한다.

5. 슬픈 유머, 성경을 모르는 현대인들

보언 로버츠의 『하나님 나라 관점으로 성경 꿰뚫기』에 이런 글이 있다.

목사님 한 분이 미션스쿨인 초등학교를 방문했다. 학교 측의 요청에 따라 성경 수업을 맡게 된 그는 수업이 시작되자마자 "누가 여리고 성벽을 무너뜨렸습니까?"라고 질문했다. 그러자 교실 안에는 긴 침묵이 흘렀다.

자리에 앉아 있던 어린 학생들은 불안한 표정으로 몸을 비비 꼬았다. 그러더니 체구가 작은 한 아이가 손을 들고 "목사님, 제 이름은 브루스 존스입니다. 누가 여리고 성벽을 무너뜨렸는지 모르겠지만 저는 결코 아닙니다"라고 대답했다.

목사님은 이 아이의 대답에 너무나 기가 막혀서 교장 선생님에게 찾아가 성경 수업 중에 있었던 일을 이야기했다. 목사님의 이야기를 들은 교장 선생님은 잠시 생각에 잠기더니 "브루스 존스는 제가 잘 아는 학생입니다. 그는 결코 거짓말을 할 아이가 아닙니다. 그 애가 그렇게 말했다면 그 애는 정말 무너뜨리지 않았을 것입니다"라고 말했다.

영해를 대적하는 바이블 리터러시

목사님은 화가 났다. 그가 볼 때 교장은 무례한 사람이거나 아니면 아주 무식한 사람이었다. 더 이상 말이 통하지 않는다고 판단한 목사님은 그 학교의 재단 이사장에게 편지를 써서 자기가 겪은 불쾌한 일에 대해 항의했다.

얼마 후 목사님 앞으로 이런 편지 한 통이 날아왔다. "목사님, 여리고 성벽이 무너졌는데도 아무도 자기 잘못을 인정하지 않았다는 이야기를 들으니 우리도 심히 유감스럽습니다. 손해 배상 청구서를 보내 주시면 수리 비용을 마련해 보겠습니다."

6. 성경의 빅픽처(Big Picture) 가지기

성경은 왜 이해하기가 어려울까? 아직 성경의 큰 그림을 갖고 있지 못하기 때문이다. 성경은 구약과 신약으로 되어 있고 더 세분화하면 66권으로 나뉘어져 있는 책이다. 성경을 이루고 있는 장르도 율법, 역사, 지혜, 시, 예언 등 다양하며, 성경의 배경에는 수많은 역사의 흥망성쇠가 함께하고 있다. 그러므로 모든 책이 그렇듯이 성경도 처음엔 시간과 열정을 들여 공부하는 것이 필요하다. 성경을 공부하다 보면 공부할 것이 점점 많아질 수밖에 없게 된다.

88세의 고령에도 불구하고 하루 7시간 30분씩 성경을 공부하신다는 서울 내수동교회 원로 박희천 목사님의 인터뷰 기사를 본 적이 있다. 그분은 21세 되던 1947년 5월 말 최원초라는 이름의 목회자를 만났는데 당시 최 목사님은 요한계시록을 1만 독, 빌립보서를 3000독 이상 한 분이었다. 그분이 박 목사님께 "다른 것은 하지 말고 오직 성경 본문을 많이 보아라"라고 들려준 것이 강한 도전이 되어 그때부터 성경을 보는 데 남다른 시간을 투자해 왔다는 것이다. 그렇게 67년을 성경 연구에

영해를 대적하는 바이블 리터러시

투자해 오셨다는 박희천 목사님은 성경 전체를 태산에 비유하며, 자신은 그저 태산 한 모퉁이를 손가락으로 긁다 만 정도로밖에 성경을 깨닫지 못했다고 솔직하게 고백하셨다.

그런데 이단 사이비들은 이런 원로 목사님의 진심 어린 고백을 무색하게 할 만큼 성경을 너무나 가벼이 여긴다. 성경을 자신들의 입맛대로 쪼개고 나눈 뒤 마치 퍼즐이나 공식을 대하듯이 자신들의 의도된 프레임에 맞춰 간단하게 풀어 나간다. 달콤한 감언이설과 직통계시 사용, 말초신경 자극으로 사람들의 이성을 흐려 놓는다.

이단에 빠진 이들은 그동안 안 풀리던 성경 구절들이 이단들이 가르쳐 준 영해와 비유로 신기하게 풀린다며 감격하고, 이단들이 전해 주는 비유 풀이나 계시록이 너무 딱딱 들어맞고 귀에 쏙쏙 들어온다며 좋아하고, 더 나아가 그동안 자신들이 신앙생활을 헛했다며 자조 섞인 탄식을 내뱉기도 한다. 잘못된 프레임 속으로 들어가 버리면 이렇게 분별력이 흐려지고 이성이 마비될 수 있다는 것을 알기에 안타까운 마음 이루 말할 수 없다.

이런 때에 교회들은 성경의 맥과 흐름을 잡아 줄 수 있는 잘 정리된 성경 전체의 틀을 내놓아야 한다. 기존의 성경 교육 방법들도 우수하고 익숙하지만 하나의 도구로 모든 문제를 풀려고 하면 한계가 있다. 이단에 빠져 가는 성도들만 탓할 것이 아니라 성경을 좀 더 쉽게 구조화해서 전해 줄 수 있는 방법을 찾아 제시해야 하는 것이다. 기존의 방법에 새로움을 더할 무언가가 더 요구된다.

그동안 한국 교회는 성경을 더 잘 이해하기 위해 이야기들을 교리나 주제로 압축하여 가르쳤다. 한동안은 그저 주어진 짧은 본문을 읽고 받은 감동을 서로 나누는 큐티 식 성경 공부가 유행이기도 했다. 물론 성도들의 신앙 성장에 기여한 바가 크다는 것은 인정한다. 그러나 이 과정에서 성경의 전체 이야기가 약화되었고, 성경을 전체적으로 보는 능력이 떨어졌다는 것은 아쉬운 대목이다. 이제는 성경의 이야기를 다시 강조하면서, 성도들이 쉽게 성경 이야기를 파악할 수 있는 방법을 찾아야 할 것이다.

영해를 대적하는 바이블 리터러시

7. 빌 게이츠의 학습법과 성경 읽기

필자는 우연한 기회에 그동안 관심을 가졌던 성경통독의 원리가 빌 게이츠의 학습법에 그대로 설명되어 있는 것을 보고 반가웠던 적이 있다. 빌 게이츠는 새로운 분야를 배울 때 전체적인 개요를 먼저 이해하는 것이 중요하다고 강조한다. 그는 전체적인 맥락을 이해하지 않고 세부 사항에 매몰되면 학습 효과가 떨어진다고 본다. 그의 방법론에 따르면, 학습은 먼저 구조를 파악하고 그다음에 세부 내용을 채워 나가는 과정이 필요하다. 이 학습법의 주요 단계는 다음과 같다.

빌 게이츠의 학습법

A) 큰 틀 이해하기: 전체 맥락을 먼저 파악하여 구조를 짜고, 의미의 나무의 몸통을 형성한다.
B) 역사와 함께 학습하기: 지식을 단계적으로 쌓아 올려 논리적으로 연결하고 재구조화하는 과정에서 역사 공부가 중요한 역할을 한다.
C) 지식을 질서 있게 배치하기: 밑그림에 따라 지식을 질서 있게 연결하고, 세부적인 내용을 덧붙여 나간다.

이 빌 게이츠의 학습법을 성경 읽기에 적용해 보자면 아래와 같다.

빌 게이츠의 학습법을 활용한 성경 읽기

A) 성경 전체 구조 파악: 성경을 읽기 전에 성경 전체의 구조를 먼저 이해한다. 이를 통해 성경의 큰 틀을 이해하고, 각 책이 어떤 역할을 하는지 알 수 있다.

B) 주요 사건과 주제 이해: 창세기부터 요한계시록까지를 관통하는 큰 주제를 발견하고 성경의 이야기들에 익숙해져 간다.

C) 역사적 배경 공부: 성경의 각 책이 쓰인 역사적 배경을 공부한다. 이를 통해 성경의 사건들이 어떤 역사적 맥락에서 일어났는지 이해한다.

D) 역사와 성경 연결하기: 성경 이야기를 읽을 때, 그 사건들이 어떤 역사적 사건과 연결되는지 파악한다. 이를 통해 성경의 이야기들이 역사 속에서 어떻게 전개되었는지 이해할 수 있다.

핵심은 성경을 무작정 읽는 것이 아니라 역사와 연결하여 성경 전체의 구조를 먼저 이해하고 그다음에 큰 틀과 역사를 바탕으로 세부 내용을 덧붙여 나가는 것이다. 이것은 결국 성경해석에 있어서 각 부분이 전체 이야기 속에서 어떤 역할을 하는지를 명확히 이해할 수 있게 해 줄 것이다.

이렇게 빌 게이츠의 학습법을 성경 읽기에 적용하면, 성경을 무작정 읽는 것이 아니라 역사와 연결하여 성경 전체의 구조를 먼저 이해하고, 그다음에 성경 전체의 스토리와 연결시켜 내용을 채워 나가며 지평을 넓힐 수 있다. 이는 성경을 깊이 있게 이해하고, 그 가르침을 신앙생활에 적용하며, 다른 사람과 효과적으로 소통하는 데 큰 도움을 줄 것이다.

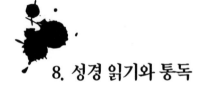

8. 성경 읽기와 통독

필자는 성경통독에 관심이 많았다. 단지 성경 전체를 통독하는 것에 의미를 둔 읽기가 아닌 성경 전체에 담겨 있는 하나님의 마음과 뜻을 별견하고자 했다. 성도들과 함께 무작정 일주일간 읽어 보기도 하고, 책별로 읽으며 중간중간 설명을 곁들여 읽기도 했다. 빠른 성경낭독을 틀어 놓고 따라 읽기도 하였고 돌려 가며 읽기도 하였다. 하루 종일 성경만 읽는 집회에 참석해 보기도 하였다.

나름대로 성과는 있었지만 성경통독 역시 무작정 달려드는 것보다는 잘 조직화된 매뉴얼 속에 체계적인 절차를 밟아 나가는 것이 유익하다는 것을 알 수 있었다.

성경통독원의 조병호 박사는 성도들이 성경을 쉽게 읽을 수 있도록 '통'의 관점으로 매뉴얼화한 통성경[36]포뮬라를 2014년도에 발표했다.

---

36) 조병호는 그의 『통성경 길라잡이』책에서 '통성경'은 성경 66권 전체를 '파편화(frag-mented books and multiple disconnected stories)'하지 않고 "하나의 이야기(One Story)"로 소리 내 읽는 것이라고 설명하고 있다. 그는 "통성경은 성경을 시간·공간·인간을 통으로, 개인, 가정, 나라를 통으로, 제사장 나라. 5대 제국·하나님 나라를 통으로, 7개 트랙(모세오경, 왕정 500년, 페르시아 7권, 중간사 400년, 4복음서, 사도행전 30년, 공동서신 9권)과 7개 스텝(그 순간, 영성, 나라, 마음, 성경 줄기, 기도, 전도)으로

포뮬라(공식)는 '연산의 방법, 수학적 정리들을 문자와 기호를 써서 일반화하여 나타낸 식'을 말한다.

수학에서만 통할 것 같은 공식을 성경에 적용하여 성경 전체를 종합적으로 보고 읽고 이야기할 수 있도록 잘 만들어 알려 주었다. 이 방법은 성경을 연속적인 이야기로 이해하며, 주제의 통일과 역사의 스토리를 담아 자연스럽게 흐름을 이어 나가도록 도와준다. 이 원리와 방법을 잘 사용하면 짧은 시간 안에 성경 전체의 구조를 파악하고 이해하는 데에 큰 도움을 받을 수 있을 것이다.

필자는 여기에서 더 나아가 성경통독을 그동안 많은 관심을 가지고 있던 이단에 대한 저항성을 키우는 것과 연결해 보았다. 이단을 대처하려면 이단이 가진 잘못된 성경해석의 틀을 분별해 내면서 성경을 전체적으로 이해할 수 있는 기초 틀을 준비하는 것이 중요한데 잘 구조화된 성경통독이 좋은 대안이 되겠다고 생각하게 되었다.

이야기하는 것"이라고 정의한다.

영해를 대적하는 바이블 리터러시

9. 성경통독과 이단 저항성 향상

성경통독은 쉽게 말하면 '성경'과 '통독'의 만남이라고 할 수 있다. 성경통독 안에 영해의 피해를 막을 수 있는 여러 유익한 요소들이 들어 있는데 한국에는 성경통독을 강조하고 실천하는 많은 목회자들이 있으니 다행이다.

영어원서 하나를 제대로 이해하려고 해도 종합적인 능력이 요구된다. 기본문법을 바탕으로 한 정확한 해석력, 어휘력뿐만 아니라, 구동사 및 전치사 하나까지 잘 이해해야 한다. 또한 영어의 고유한 표현에 대한 이해도 어느 정도는 밑받침이 되어야 한다. 무엇보다 중요한 것은, 개별적으로 떨어져 있는 지식들을 체계적으로 통합하고 연결할 수 있는 있는 능력을 기르는 것이다. 영어 역시 읽기, 듣기, 쓰기, 말하기가 따로따로 분리되어 있는 것이 아니고, 모든 것이 합쳐져서 통으로 이루어져 있기 때문이다.

골프를 배울 때도 그렇다. 팔 따로, 어깨 따로, 허리 따로, 무릎 따로, 발 따로가 아니라 몸 전체가 하나의 동작을 물 흐르듯이 궤도를 만들어 스윙해야 한다. 적절한 템포와 리듬도 필수다. 이를 위해 골퍼들은 이 운동의 전체 원리와 시스템을 먼저 이해하고 그다음에는 부분 동작을 익히고 나중엔 다시 전체 동작을 통해 부분 동작들의 합을 구현해 낸다. 이렇게 전체와 부분이 조화를 이룰 때 이해의 깊이가 깊어진다.

과거 치대에서 치의학을 공부했던 목사님께서 이런 말씀을 들려주신 적이 있다. 학교 다닐 때 해부학을 공부했는데, 사람의 몸 전체를 공부한 다음 머리를 따로 공부했다는 것이다. 왜일까? 사람의 몸은 전체가 유기적으로 연결되어 있기 때문이다. 치아 하나를 잘못 뽑았는데 심장에 박테리아가 침투하기도 하는 일이 벌어지는 것도 같은 이유에서이다.

그렇다면 성경은 어떤가? 성경 전체를 통해 성경 신학이나 조직신학의 기초가 다져진 후라야 성경 각 권이나 본문들을 좀 더 풍성하고 바르게 이해할 수 있을 것이다.

지금은 성경 접근에 새로운 프레임의 접근이 요구된다. 서양의 분석적 방법만으로는 성경 전체의 뜻을 빨리 전체적으로 파악해 내기 어렵다. 반면 동양의 방법만으로도 한계가 있다. 지금은 융합 통합의 시대이다. 성경을 읽고 해석하는 방식에도 변화가 일어나야 한다. 너무나 많은 시간을 쪼개고 분석하는 데에만 할애할 수 없다. 또한 영적인 측면에서만 접근해도 균형 잡힌 해석에 다다를 수 없다. 우리는 때로 프레임을 바꾸거나 새로운 프레임을 찾아야 하는데 성경을 보는 데 있어서도 마찬가지이다.

필자가 생각하는 일반교회들이 성경을 통독할 때 염두에 두어야 할

영해를 대적하는 바이블 리터러시

내용들을 적어 본다.

첫째, 창세기부터 계시록까지의 내용은 연속성을 가진 이야기로 이해하며, 각 지점과 지점들을 주제의 통일과 역사의 스토리를 담아 자연스럽게 이어 나갈 수 있도록 하는 것이다. 성도들이 성경 전체를 하나님 나라를 구현해 가시는 하나님의 흥미진진한 하나의 스토리로 잘 읽어 나간다면 성경의 초점을 흐리지 않으면서 하나님의 큰 계획에 관심을 더 갖게 되고, 이단들의 허무맹랑한 부분 해석, 확대 해석에 현혹되지도 않을 것이다.

둘째로, 성경 전체에 흐르는 역사의 무대나 흐름을 놓치지 않고 하나의 줄기로 크게 이해하는 것이다. 성경에는 여러 제국들이 등장하며 이 제국들이 만들어 내는 눈에 보이는 역사의 흐름이 있다. 그러나 그것이 다가 아니고 다른 한편에는 '하나님 나라'로 대표되는 눈에 보이지 않는 믿음 역사의 흐름이 있다. 이렇게 두 개의 큰 역사 흐름이 있다고 보는 관점은 성경을 초월적인 세계나 믿음의 영역만을 다루는 책으로만 생각해 오던 이들에게 실제적이고 역사적인 하나님의 통치 영역을 더 크게 생각해 볼 수 있게 한다. 특히 이단의 편협한 시각, 즉 성경에 흐르는 역사성을 배제한 채 영해나 도식을 중점으로 성경을 왜곡, 확대하여 해석하려 하는 시도를 분별할 수 있게 할 것이다.

셋째로, 성경통독의 방향을 땅끝까지 복음을 전하라고 하신 예수님의 지상명령을 성취하는 것에 두어야 한다. 이 분명한 방향이 있을 때 이단들의 폐쇄적이고 배타적으로 나아가는 종말론을 올바로 분별할 수 있고, 성경통독이 단순히 성경 지식의 증가가 아닌 삶에서 그 말씀을 실천하는 방향으로 나아가도록 도울 것이다.

교회들은 지금부터라도 좋은 프레임을 만드는 데 관심을 가져야 한다. 먼저 성경을 바르게 볼 수 있도록 돕는 프레임을 갖추는 것부터 관심을 가져 보자. 혹자는 성경을 읽을 때 그것을 돕는 틀이나 관점이 있으면 오히려 성경을 읽는 데 걸림이 된다고 말하지만, 성경해석은 백지 상태에서 진행되는 것이 아니라, 독자가 의식하지 못하는 가운데 형성된 일련의 인식론적 혹은 해석학적 전제들 위에서 발생하는 것이다.[37]

오히려 지금과 같이 잘못된 사상이나 틀이 범람하는 시대에는 교회들이 선제적으로 성도들에게 올바른 신학에 기초한 좋은 성경 읽기 방법을 알려 주는 것이 더 지혜롭고 유익할 것이다. 특히 이단을 대처하려면 이단이 가진 잘못된 성경해석의 틀을 분별해 내면서 성경을 전체적으로 이른 시간 안에 이해할 수 있는 기초 틀을 준비해 놓는 것이 매우 중요하다.

---

37) 김구원, 『성경, 어떻게 읽을 것인가?』(서울: 복있는 사람, 2013), 31.

영해를 대적하는 바이블 리터러시

제6장

성경 제대로 읽기

1. 성경은 어떤 책인가?

성경의 통일성

'성경'을 뜻하는 영어 단어 'Bible'은 책(the Book)이란 단수의 의미인데 그 어원은 '책들'이라고 하는 복수의 의미가 있는 희랍어 '비블로스(biblos)'서 유래했다. 이렇게 어원을 통해서도 성경이 한 권으로 묶여 있지만, 본래는 한 권이 아닌 많은 책으로 구성된 책이라는 것이 나타나고 있음을 볼 수 있다.[38]

성경의 통일성이란, 성경이 여러 권의 책이 합쳐졌음에도 불구하고 그 내용이 서로 분리되지 않고 완전한 통일을 이루고 있다는 것을 의미하는 말이다.

---

38) Bruce H. Wilkinson and Kenneth Boa, 『한눈에 보는 성경』 정인홍 역(서울: 디모데, 1997), 9.

영해를 대적하는 바이블 리터러시

성경의 통일성을 밝혀 주는 성경의 내적 증거들

성경에 기록된 내용은 성경 기자들이 상상하거나 연구해서 쓴 내용이 아니다. 디모데후서 3장 16절에서는 "모든 성경은 하나님의 감동으로 된 것"이라고 언급하며 성경의 저자가 하나님이심을 분명하게 밝히고 있다. 또한, 베드로후서 1장 20~21절의 말씀에서는 성경 저자의 신적인 면과 인간적인 면을 함께 잘 보여 주고 있다.[39] 이렇게 성경의 저자는 이중적 성격을 띠고 있으며, 성경의 제일 저자는 하나님이시고, 제이 저자는 인간이라는 것을 성경 스스로가 밝혀 주고 있다.

또한, 성경은 1,600여 년에 걸쳐, 40여 명의 저자에 의해 쓰였음에도 불구하고 그 전체 내용이 통일성을 이루고 있다. 특히 구약과 신약의 모든 초점이 그 주인공 예수 그리스도에게 맞춰져 있다는 점이 놀랍다. 예수님의 직접적인 증언을 보여 주는 성경 본문들[40]과 점진적으로 이루어지는 구약 스토리의 신약 성취들은 이를 잘 보여 주고 있다. 결국, 성경의 저자가 하나님이시기에 이 모든 일이 가능하다고밖에 말하지 않을 수 없다.

---

39) 베드로후서 1장 20-21절에 성경의 이중저작권이 나와 있다. "먼저 알 것은 성경의 모든 예언은 사사로이 풀 것이 아니니 예언은 언제든지 사람의 뜻으로 낸 것이 아니요 오직 성령의 감동하심을 받은 사람들이 하나님께 받아 말한 것임이니라".

40) "너희가 성경에서 영생을 얻는 줄 생각하고 성경을 연구하거니와 이 성경이 곧 내게 대하여 증언하는 것이니라"(요 5:39); "모세를 믿었더라면 또 나를 믿었으리니 이는 그가 내게 대하여 기록하였음이라 그러나 그의 글도 믿지 아니하거든 어찌 내 말을 믿겠느냐 하시니라"(요 5:46-47); "이에 모세와 모든 선지자의 글로 시작하여 모든 성경에 쓴바 자기(예수 그리스도)에 관한 것을 자세히 설명하시니라"(눅 24:27).

성경의 통일성을 부정하는 견해들

계몽주의 시대에는 이성과 경험이 중시되는 시대로 이때 성경에 대한 다양한 견해들이 제시되었고 성경의 무오성을 부정하는 목소리들이 힘을 얻기 시작했다.[41] 이런 주장들의 기본전제는 성경도 다른 책들과 마찬가지로 해석되어야 한다는 것이다.

인간 이성의 자율성에 최종권위를 부여한 자유주의자들은 성경을 인간들의 작품으로 여기며, 성경이 하나님의 말씀이 아니라 하나님의 말씀이 성경 안에 내포된 것이라고 주장한다. 또한, 성경을 역사적 사실을 기록한 책이 아니라 하나님에 대한 유대인들의 경험을 기록한 책으로 보며, 성경의 다양한 내용을 인정하면서도 통일성은 인정하지 않는다. 당시에 유행했던 양식 비평[42]이나 편집 비평[43]의 모습을 보면 이를 더 잘 이해할 수 있다.

---

41) Louis Berkohf, 『성경해석학』, 박문제 역(서울: 크리스찬다이제스트, 2008), 32.

42) 양식비평가들은 성경의 각 권을 통일된 책으로 보지 않고 여러 '단편들(fragments)'로 본다. 이들은 성경기록자들이 역사에 관심이 없었고 오직 자기들의 필요에 따라 성경의 내용을 첨가, 삭제, 변경했다고 본다.

43) 편집비평가들은 성경 66권이 하나의 책이라는 사실을 부정한다. 만약에 서로 관련성이 있다면 그것은 사람들의 의도에 따라서 편집된 것이라고 주장한다. 성경, 계시, 교리가 중요하지 않다고 보는 자유주의자들은 성경 비평학을 고무시켰다.

2. 전체를 꿰뚫는 방법으로 성경 읽기

성경을 어떻게 읽을 때 보다 풍성한 이해가 가능한지 생각해 보자.

우리는 보통 어떤 사람이 너무 싫을 때, "하나에서부터 열까지 다 마음에 안 든다"라고 불평한다. 그런가 하면 "하나부터 열까지 그 사람은 참 진국이다"라고도 말한다. "하나부터 열까지"라는 표현은 어느 한 부분이 좋고 싫은 것이 아니라, 그 사람 전체에 대한 평가를 의미한다. 이처럼 '부분'이 아니라 '전체'를 강조하는 것이 바로 성경통독의 개념이다.

한국에는 오래전부터 '통독'이라는 읽기 방법이 있었다. '통독'이란 "전체를 꿰뚫는다"라는 의미의 '통'과 "책을 읽는다"라는 의미의 '독'을 결합한 말이다. 즉, 통독이란 전체를 꿰뚫어 읽는다는 의미이다.[44]

성경을 읽을 때 한 가지 방법에만 의존해서는 안 된다. 다양한 요소를 이해하려는 노력이 필요하다. 영어에서는 "Total"이나 "Whole"이라는 개념이 있지만, 이는 부분들의 단순한 합을 의미한다. 그러나 한국 교회가 강조하는 통독은 단순한 부분의 합을 넘어서 전체가 부분의 합

---

44) 조병호, 『성경통독과 통신학』(서울: 통독원, 2008), 44-52.

보다 크다는 개념을 포함하고 있다. 따라서 이러한 개념을 바탕으로 성경을 통독하면 성경 문맹의 약점을 극복할 수 있다. 예를 들어, 창세기를 1년, 출애굽기를 1년, 계시록을 1년씩 공부해서 66년을 보내는 것보다, 성경 한 권을 통으로 제대로 읽고 66년 동안 깨닫는 것이 훨씬 더 유익할 수 있다. 이는 전체가 부분의 합보다 크기 때문이다.

성경통독이 유익한 이유는 다음과 같다.

첫째는 성경을 입체적, 통합적으로 볼 수 있기 때문이다. 성경을 읽다 보면 맥이 끊어지는 지점들이 나온다. 성경을 통독하다 보면 그 점들이 선으로 연결되는 경험을 할 것이다. 점이 선이 되고, 그 선이 면이 되고, 면이 다시 입체가 되는 경험을 하게 된다. 이런 경험들이 또 다른 세계로 안내해 줄 것이다.

둘째는 이단의 공격을 분별하여 대처할 수 있는 좋은 무기가 될 수 있기 때문이다. 이단의 전술은 치고 빠지는 게릴라 전술이다. 성경통독은 전체에 성벽을 튼튼히 쌓으므로 이단 사이비가 들어올 틈을 막을 수 있다.

셋째는 실수를 줄여 줄 수 있기 때문이다. 전체를 놓치고 성경을 읽다 보면 숲에서 길을 잃고 헤매는 시간이 길어진다. 물론 나중에는 '헤맨 길도 길'이라고 고백하며 감사할 수 있겠지만 성경 탐구의 시간 싸움에서는 뒤처지게 된다.

성경통독은 성경 전체의 그림을 먼저 머릿속에 그리고 그 바탕 위에서 세부적인 사건들을 이해할 수 있게 한다.

　　　　　　　　　　　　　영해를 대적하는 바이블 리터러시

3. 성경을 두 측면에서 교차적으로 훑으며 읽기

성경을 읽는 이는 먼저 본문이 어느 시대에 어떤 세계관의 맥락에서 기록되었는지를 잘 살펴야 한다. 성경의 어느 본문도 갑자기 하늘에서 뚝 떨어지지 않았다. 역사적 배경을 무시해서는 안 된다. 현재의 잣대로만 생각하고 판단해서는 심각한 오류에 빠질 수 있다. 예를 들어 시편 104:5를 문자 그대로 믿으면 지구가 태양계의 중심이라고 믿어야 한다. 창세기 1장 16절도 과학적으로는 문제가 있다. 왜냐하면 달은 스스로 빛을 내는 광명체가 아닌데 성경 본문은 달을 광명체라고 부르고 있기 때문이다.

창세기에 나타난 이러한 묘사들은 당시 사람들의 세계관을 반영한 것일 뿐이다. 창세기를 처음 듣거나 읽었던 당시의 독자들은 달이 빛을 낸다고 생각했던 것이다.

성경 안에는 서술된 세계관과 규범으로 제시하는 세계관이 함께 들어 있다. 이때 성경을 읽는 독자들은 이 두 세계관을 잘 구별해서 성경이 규범으로 제시하는 세계관을 잘 받아들일 수 있어야 한다.

하나님께서는 성경을 기록하기 위해 사람들의 잘못된 기초, 문화, 과학에 대한 이해를 다 빼낼 필요가 없으셨고 오히려 그것들을 사용하셨다. 성경의 저자들은 현대의 과학 교육을 필요로 하지도 않았다. 그들은 단지 자신들의 세계관과 프레임, 당시 세계에서 잘 알려진 상징적 은유를 통해 성경이 말하고자 하는 메시지를 전했을 뿐이다. 구약성경에는 당시 수메르나 고대 메소포타미아나 애굽 문명의 관점이 서술되어 있다. 그 속에서 가히 혁명적이라 할 수 있는 하나님의 사상과 규범을 발견하고 가르치고 따르는 것이 성경을 대하는 올바른 자세다.

유다서 1:9에 모세의 시체를 둘러싸고 천사장 미가엘과 마귀가 다투는 장면이 나온다. 이것은 구약성경에는 전혀 언급되지 않는 내용인데 제2 성전기 문헌에서 이 이야기가 등장하고 있다. 유다서 1:14-15에 인용된 에녹의 예언도 신약 저자들이 제2 성전기의 해석 전통에 영향 받았음을 보여 주는 예이다.

구약성경에는 에녹의 예언이 소개되지 않는다. 많은 학자들은 유다서 저자가 에녹서를 인용한 것에 대해 호기심을 갖는다. 이에 대해 정경 저자가 외경을 인용할 수 있는가 하는 권위의 문제가 쟁점으로 떠오를 수 있으나 중요한 것은 그 외경이 에녹에 대한 당시의 해석 전통을 담고 있다는 사실에 있다. 즉, 유다서 저자는 에녹에 관한 당시의 해석 전통을 무의식적으로 인용했고 당시 이 에녹서가 그 전통을 담고 있는 유일한 책이었다는 관점이 적절해진다.

이것은 구약 본문에 대한 특정한 해석이 당시 유대인들에게 '성경처럼' 받아들여졌고, 그 시대를 살았던 신약성경 저자들도 그런 해석학적 영향에서 자유롭지 못했다는 사실을 알려 준다.

이렇게 하나님께서 성경을 기록하기 위해 택하신 고대의 저자들 역시 그 시대의 영향을 받을 수밖에 없었으며 신약성경 저자들 또한 해석방법에 있어 시대의 영향을 반영한다는 사실을 보여 준다. 인간은 누구나 예외 없이 시대의 자식이듯이 한 시대의 해석방법 역시 그 시대의 산물인 것이다. 이를 이해하면 성경의 권위에 대한 논란과 의심의 문제가 많이 해결되리라 생각된다.

따라서 성경을 읽는 이들이 고려해야 할 사항은 다음과 같다.

성경을 읽는 이들이 고려해야 할 사항

A) 역사적 배경 연구에 힘써야 한다: 성경 시대의 문화에 대한 이해를 넓혀야 한다.
B) 당시 사람들의 세계관을 이해해야 한다: 당시 사람들이 자신과 그들을 둘러싼 세계에 대해 어떻게 생각했는지를 이해해야 한다.
C) 성경 전체에서 말하고 있는 하나님의 뜻에 대한 큰 그림 이해를 갖는 것이 중요하다: 성경 전체를 꿰뚫어 하나님의 뜻을 파악하고 이해하는 것이 필요하다.

성경통독을 통해 우리는 성경 문맹의 약점을 극복하고, 하나님의 말씀을 깊이 이해하며, 더욱 바른 신앙생활을 할 수 있을 것이다.

4. 구약은 통치, 신약은 나라 개념으로 성경 읽기

옛날 한 중국 사람이 인도에서 본 코끼리를 자기 나라로 돌아와 사람들에게 열심히 설명했다. 그런데 아무리 자세히 얘기해도 중국인들은 한 번도 코끼리를 본 적이 없으니 그의 말을 믿지 않았다. 대단히 집요한 인물이었던 이 사람은 코끼리 무덤이 있는 장소를 다시 찾아갔다. 그리고 이번에는 코끼리 뼈를 모아서 다시 중국에 돌아왔다. 그리고 이번에는 코끼리의 형상대로 뼈를 놓으면서 "이게 코끼리다!"라고 이야기해 주었다. 그러자 사람들이 비로소 "아하!" 하고 이해하게 되었다. 이 일화에서 '상상(想像)'이라는 한자어가 생겼다고 한다.

이처럼 무언가를 제대로 상상하려면 '코끼리의 뼈' 같은 현실적 토대가 필요하다. '하나님 나라'는 성경의 핵심 주제 중 하나다. 예수님의 사역 초기부터 부활 후까지 하나님 나라 선포는 계속되었으며, 복음서 기자들 역시 하나님 나라를 예수님께서 선포하신 복음의 핵심 주제로 기록하고 있다.

영해를 대적하는 바이블 리터러시

하지만 '하나님 나라'라는 개념은 그리스인이나 로마인의 개념이 아니다. 한국 사람들에게 하나님 나라의 첫 이미지를 묻는다면 아마도 '죽어서 가는 천당'이나 '영혼이 가는 나라' 정도가 될 것이다. 그래서 한국인들이 성경의 '하나님 나라'에 대한 바른 이해를 단번에 갖기 어렵다. 그러나 정통 유대인들은 이 개념에 익숙하다. 하나님 나라 메시지를 이해하는 데 필요한 배경지식을 소유하고 있기 때문이다. 신약의 하나님 나라는 배경지식이 없는 이들에게는 낯선 용어일 수 있으나 유대인들에게는 너무나 익숙한 개념이었다.

성경의 구약과 신약은 따로 떨어진 각각의 책이 아니라 연속성을 갖고 연결되기에 신약에 나오는 하나님 나라를 온전히 이해하기 위해서는 그 개념이 구약에서는 어떻게 표현되고 있는지를 아는 것이 중요하다. 이와 같은 예가 성경에서는 많이 나타나기 때문에 성경의 주요 개념이나 사상들을 단편적이고 부분적이고 개별적으로 접근하여 그때그때의 의미를 제멋대로 도출해 내는 이단과 사이비의 해석은 엉터리라고 할 수 있다.

5. 성경의 "하나님 나라"는 '통치'의 개념

하나님의 나라는 그리스인이나 로마인의 개념이 아니다. 호머, 플라톤, 아리스토텔레스는 이 부분에 대해 조금도 언급한 적이 없다. 오로지 정통 유대인만이 사도들의 하나님 나라 메시지를 이해하는 데 필요한 배경지식을 소유했다.[45] 만일 독자들이 구약성경의 줄거리를 모른다면, 그리고 이스라엘에게 주어진 하나님의 언약과 약속들에 대해 무지하다면, 복음서에 나오는 하나님 나라의 중요성을 거의 이해할 수 없을 것이다. 따라서 '하나님 나라'의 이야기를 이해하려면 구약에 쓰여 있는 '그 이전까지의 이야기'[46]를 먼저 알아야 한다. 구약에 나타나는

---

45) Tim Stafford, 『유대인의 옷을 입은 예수』, 이장렬 역(서울: 스텝스톤, 2009), 30.
46) 유대인은 아브라함이 장막 옆에서 밤하늘의 수많은 별처럼 후손이 번성할 것이라는 약속을 받는 모습을 그리며 교육받았다. 유대 어린이들은 조상이 노예에서 벗어나 바로의 군대를 피해 광야로 달려 나가던 이야기를 들었고, 이스라엘 백성이 연기로 가득한 시내산 중턱에서 모세가 하나님의 율법이 담긴 돌판을 들고 내려오는 이야기를 배웠다. 또한, 소년 다윗이 거인 골리앗과 맞서 이제 막 생겨난 이스라엘을 외세의 침략에서 구하는 이야기로 교육받았다. 선지자들은 하나님의 사랑을 남용하면 하나님의 축복을 잃을 것이라고 경고했다. 끔찍한 예루살렘 멸망, 성전이 불타 버린 사건, 바벨론 포로 사건, 이스라엘 왕들이 죽거나 고문당한 이야기와 이스라엘이 겪어야 했던 민족적 수치에 대해 들었다. 이스라엘은 바벨론의 포로였다가 고향으로 돌아왔지만, 정

모세언약, 다윗언약, 예레미야의 새 언약에 대한 예고 등은 모두 신약에서 예수님을 통해 성취된다. 따라서 "신약은 구약에 감추어져 있으며, 구약은 신약에 나타나 있다"라는 설명은 성경 속에서 진리이다.[47]

하나님의 나라는 신약성서의 헬라어 표현 "η βασιλεια του θεου"를 직역한 것인데 구약에서는 하나님 나라라는 직접적인 표현보다 '왕', '다스리다' 혹은 '통치하다'라는 뜻이 담긴 "말락(mālâk)"이 많이 나타나고 있다.[48]

성경에서 하나님 나라라는 말은 주로 신약성경을 통해 나타나며 몇 가지 특징을 보인다. 첫째는, 예수님과 사도들이 중요하게 가르쳤음에도 불구하고 하나님 나라가 비유를 사용해서만 설명될 뿐 그 의미를 정확하게 설명해 주지 않는다.

둘째, 예수님과 복음서 기자들이 용어를 설명할 때 당시 이스라엘 백성들이 당연히 알고 있는 것처럼 가정한 상태에서 이 용어를 사용하고 있다. 이는 예수님 당시의 청중들과 신약의 성도들이 하나님 나라 개념을 기본적으로 이해하고 공감하고 있었다는 점을 보여 준다.[49]

따라서 하나님 나라를 이해하기 위해서는 먼저 구약과 유대교가 가지고 있었던 하나님 나라에 대한 개념이 무엇인지를 살펴볼 필요가 있다.

우선, 하나님 나라에 대한 개념에서의 핵심은 '통치'다. 구약과 유대

치적으로 독립하지 못해 다시 나라를 이루지 못했다.

47) Wilkinson and Kenneth, 『한눈에 보는 성경』 정인홍·곽철호 역(서울: 디모데, 1997), 8.

48) John Bright, 『하나님의 나라』 김철손 역(서울: 컨콜디아사, 1985), 17.

49) Hermann Ridderbos, 『하나님 나라』 오광만 역(서울: 솔로몬, 2008), 38.

교가 갖고 있던 하나님 나라에 대한 4가지 전제, 즉, 창조, 타락, 언약, 종말 사상에 공통으로 나타나고 있는 것이 하나님의 '통치' 개념이라는 것을 알 필요가 있다.

6. 언약과 성취로 나타나는
하나님 나라 구속 이야기

성경을 읽을 때는 '믿음'으로 읽어야 한다. 그 의미는 구약성경을 그리스도에 관한 것으로 해석한다는 의미이다. 성경이 그리스도에 관한 것이라는 믿음 위에서 구약성경을 읽어 나가지 않는다면 예수님 당시에 눈이 가려져 예수를 몰라보던 바리새인이나 율법사와 같이 될 것이다.

예수님의 제자들이 구약성경의 문자적 의미를 뛰어넘을 수 있었던 것은 그리스도 예수와의 인격적인 만남이 있었기 때문이다. 실제로 그리스도의 삶을 목격하고, 인격적으로 관계를 맺고, 그분의 죽음과 부활을 목격했기 때문에 그런 확신에 도달했던 것이다.

그러나 다수의 이단 사이비, 특히 신천지 이단에서는 예수 그리스도를 통해 약속된 모든 언약이 성취되었다는 것을 부인한다. 하나님의 계시를 성취할 더 완전한 존재가 나타나야 한다고 가르치며, 자신들의 교주 등장을 예고하고 있으니 성경을 지니고는 있으나 그 해석과 방향에 있어서는 정통교회들과 너무나 큰 차이를 보이는 것이다.

필자는 앞서 구약에서는 '하나님 나라'라는 직접적인 표현이 나오지 않지만, '왕'과 '통치'라는 개념을 통해 그 의미가 나타난다고 설명했다. 구약에서 '하나님 나라'라는 표현은 없지만, 출애굽기 19장 6절에 '제사장 나라'라는 표현이 사용된다. 하나님께서 이스라엘 백성과 시내산에서 언약을 맺으실 때 "너희가 내게 대하여 제사장 나라가 되며 거룩한 백성이 되리라"라고 말씀하신 것이다. 따라서, 출애굽기 19장 6절의 '제사장 나라'를 잘 이해하면, 구약과 신약을 관통하는 하나님 나라의 개념을 더욱 명확하게 이해할 수 있다.

여기에 쓰인 제사장 나라는 구약성경에서 독특한 표현이기 때문에 현대 주석가들 가운데서도 다양하게 번역되고 있는 구절이다. 이 구절의 히브리어 원문은 "맘믈레케트 코하님(מַמְלֶכֶת כֹּהֲנִים, mamleket kohanim)"이다. 이것은 '맘믈레케트'와 '코하님' 두 단어로 구성되어 있는데 '맘믈레케트(מַמְלֶכֶת)'는 '나라' 또는 '통치'의 개념을 나타내고, '코하님'은 '제사장들'을 의미한다. 이 두 단어를 연계형[50]으로 읽으면 '제사장들의 왕국' 또는 '제사장의 기능을 가진 나라'로 이해할 수 있고 이는 왕이신 하나님의 통치 아래 제사장 역할을 하는 나라를 의미한다. 즉, 하나님께서 다스리시고, 제사장의 역할을 하는 나라라는 의미를 담고 있다.

이스라엘은 왕이신 하나님의 소유이면서 동시에 제사장의 역할을 하는 것이 나라의 성격이 된다. '제사장들의 나라'란 좀 더 광의적으로

---

50) 연계형(construct chain)의 의미는 단어를 연결해서 쓰는 표현이다.

영해를 대적하는 바이블 리터러시

거룩하신 하나님과 세상 나라 백성들 사이를 중재하는 나라, 또한 이 타락한 세상에 하나님의 영광을 드러내며 하나님의 거룩한 뜻을 널리 전파하는 나라를 가리킨다.[51]

'제사장 나라'라는 구약의 표현은 모든 민족을 향한 이스라엘의 사명을 강조하며, 신약의 '하나님 나라'의 성격을 더욱 극대화한다. 구약의 제사장 나라 역할을 통해 신약의 하나님 나라가 최종적으로 완성될 것을 설명하면서 성경의 통일성과 연속성을 살려낸다.

이처럼 구약과 신약은 별개의 책이 아니라 서로 연속성을 가지고 흐름이 이어진다. 조지 래드나 존 스토트 같은 신학자들의 말이 이를 뒷받침한다. 조지 래드(George E. Ladd)는 "하나님 나라에 관한 신약적 소망의 출발점은 구약이다."라고 말한다. 존 스토트(John R. Stott) 또한 "예수님께서 강조하신 하나님 나라는 새로운 표현이 아니라 그 근원이 구약성경에 있다"고 강조한다.

하나님께서는 진공상태에서 하나님 나라를 실현해 가지 않으신다. 눈에 보이는 인간의 역사 속에서 그 나라를 이루어 오셨고 지금도 역사 속에서 일하고 계신다. 세상의 역사는 잠시 동안 존재하며 하나님의 나라를 드러내기 위한 도구로 사용될 뿐, 궁극적으로는 소멸한다. 하나님께서 완성하실 나라는 눈에 보이지 않지만, 믿음의 세계 속에서 꾸준히 성장하며 영원히 지속될 나라이다. 이 믿음의 나라는 결국 세상의 역사를 덮고 승리를 가져올 것이다. 이것이 성경 속의 세계에도 그

---

51) 김영진, 『옥스퍼드 원어 성경대전, 출애굽기』(성서교재, 1998), 357.

대로 반영되고 있다.

성경을 역사적 방법으로 입체적으로 읽어 가는 것은 성경 전체에 흐르는 '하나님 중심'적 관점을 갖도록 도와준다. 이 방법은 주로 자신이 구원받는 것을 얘기해 놓은 '자기중심'으로 보던 서양 신학의 관점에서 이제 '하나님 중심'의 관점으로 그 초점을 이동한다.

영해를 대적하는 바이블 리터러시

7. 성경을 이야기로 풀어내기

조지 거스리(George Guthrie)는 그리스도인들이 '성경의 사람들 (People of the Book)'이 되어야 함에도 불구하고 점점 더 '성경적 문맹 (biblical illiteracy)' 속으로 빠져들고 있다고 지적한다.[52] 그는 현대 그리스도인들이 성경적 문맹이 되는 이유를 아래와 같이 분석하고 있다.

첫째, 독서가 점차적으로 줄고 있다.
둘째, 현대의 기술이 독서 능력을 저하시킨다.
셋째, 너무 바빠진 일정이 성경을 읽을 시간을 만들지 못하게 한다.
넷째, 성경이 담고 있는 큰 그림들이 서로 어떻게 연결되어 있는지를 모른다.

성경적 문맹이 되는 마지막 이유를 주목해 보아야 한다. 성경 전체의 스토리에 무지한 상태에서는 성경해석에 왜곡이 일어날 가능성이 그

---

52) George H. Guthrie, *Read the Bible for Life: Your Guide to Understanding&Living God's Word*(Nashville, TN: B&H Publishing Group, 2011), 8-13.

만큼 높아진다. 예를 들어 보면 다음과 같다.

알레스데어 메킨타이어는 『덕의 상실(After Virtue)』에서 무언가에 의미를 부여하기 위해서는 이야기가 필수적임을 분명하게 보여 준다. 그는 상상의 나래를 펼치며 한 청년의 이야기를 들려준다.

일면식도 없는 한 청년이 버스 정류장에 서 있는 자신에게 다가와 다음과 같이 암호 같은 이상한 말을 건네는 장면을 그린다. 청년이 짤막하게 건넨 말은 이것이 전부이다.

"그 청둥오리의 이름은 히스트리오니쿠스 히스트리오니쿠스 히스트리오니쿠스입니다."

이렇게 전후좌우 연결되는 이야기가 없이 홀로 뚝 떨어져 있는 이 장면은 의미의 공백 상태에 놓일 수밖에 없게 된다. 이때 그 의미를 알 수 있는 유일한 길은 이 일에 들어맞는 배후 이야기를 알아내는 것뿐이다. 성경을 읽을 때도 마찬가지이다. 성경에 나오는 모든 사건이나 인물들 역시 성경 전체의 이야기와 연결되지 않으면 정확한 의미가 살아날 수 없다.

알레스데어 메킨타이어가 강조하는 것은 전체 이야기의 중요성이다. 사람들은 청년이 하는 말의 문자적 기호를 이해할 수 있지만, 그 말과 행동의 진정한 의미는 전체 이야기를 알지 못하면 파악할 수 없다. 전체 상황을 모르는 사람들은 여러 가지로 상상할 수 있다.

영해를 대적하는 바이블 리터러시

첫째, 그 청년은 정신질환을 앓고 있을지도 모른다.

둘째, 어제 도서관에서 누군가가 이 청년에게 청둥오리를 뜻하는 라틴어 단어를 물어봤고, 오늘 그 청년은 어제 도서관에서 만난 사람을 착각하고 계속 그 단어를 말하고 있을 수도 있다.

셋째, 그 청년은 세련되지 못한 암호로 자신의 정체를 알리려는 외국 스파이일 수도 있다.

현대 포스트모던 시대를 '이야기의 시대'라고 부른다. 다니엘 테일러(Daniel Taylor)는 "사람은 이야기 속에서 태어나서 이야기 속에서 살다가 이야기 속에서 죽어 간다"라고 말하며, 알렉산더 스틸(Alexander Steele)은 "사람들에게 먹을 것이 필요한 것같이 이야기가 필요하다"고 강조를 한다.

그동안 모든 종교는 자신들의 신앙을 전달하기 위해 이야기를 사용해 왔다. 기독교도 예외는 아니다. 성경 역시 하나님의 역사를 이야기로 계속해서 후손에게 전달해 주는 것의 중요성에 대해 이렇게 말하고 있다.

> "너희는 이 일을 너희 자녀에게 고하고 너희 자녀는 자기 자녀
> 에게 고하고 그 자녀는 후시대에 고할 것이니라"
> – 욜 1:3

이 본문은 요단강을 건넌 후 열두 돌을 쌓은 사건은 후손에게 역사를

이야기로 전달해 주는 것의 중요성을 잘 보여 준다(수 4:6-7).

성도들에게 성경을 효과적으로 가르치기 위해서도 먼저 성경을 이 야기로 풀어내 전해 주는 것이 중요하다. 성경은 단순히 개별적인 구 절이나 조각난 이야기를 모아 놓은 것이 아니라, 하나님께서 역사 속에 서 이루신 큰 그림을 담고 있는 한 권의 이야기이기 때문이다.

이렇게 이야기로 이루어진 성경을 조각조각 내지 않고 전체로 이해 하기에 좋은 성경 접근 방법은 성경을 통독하는 것이다. 우리 속담에 "구슬이 서 말이라도 꿰어야 보배"라는 말이 있듯이, 성경도 부분적인 지식만 가지고는 전체를 이해하기 어렵다. 성경을 읽을 때 큰 이야기부 터 시작해 작은 이야기들을 담아 가야 한다. 하나님께서도 큰 그림을 먼저 알리시기 위해 한 사람, 아브라함을 택하셨고 그 후 그의 후손들 에게 하나님의 놀라운 비밀을 점차적으로 알리시는 방법을 택하셨다.

성경을 통독함으로써 성도들은 하나님의 역사와 계획을 더 명확히 이해할 수 있다. 또한, 성경을 체계적으로 이해함으로써 이단의 잘못 된 가르침에 대한 방어력을 키울 수 있다. 성경의 큰 그림을 이야기로 풀어 전해 주는 것은 성도들에게 성경을 보다 쉽게 이해하고, 깊이 있 는 신앙생활을 할 수 있도록 도와주는 중요한 방법이다.

한편 이단은 성경해석 시 그 본문의 역사적 배경이나 전체 문맥 속에 서 그 본문이 어떤 의미를 갖는지에 별 관심이 없다. 오직 자신들이 세 워 놓은 프레임의 기준에 일치하도록 온갖 방법들을 사용하여 꿰어 맞 출 뿐이다. 거기에 문자적 해석, 상징적 해석, 비유, 영해 등 모든 방법 들이 동원되고 포섭 대상들의 상처나 심리 세상의 가치관 등도 고려된다. 이것이 대중들의 욕망과 잘 맞아떨어질 수는 있겠으나 성경 본래의 의미와는 거리가 먼 가르침이 될 수밖에 없다.

자, 다음은 사람들이 성경 전체를 통독하며 이해하려고 할 때 극복해야 할 장애물들이나 효과적인 성경 이해를 위해 기본적으로 알아야 할 내용들에 대해서 알아보기로 하자.

8. 원역사와 일반역사 꿰뚫고 성경 읽기

    그동안 성경의 창세기 1-11장에 나오는 사건들을 역사 이전의 역사, 즉, 원역사라고 배우면서 깊이 있게 배우지 못했다. 한국의 역사교육에서도 메소포타미아 문명이나 수메르 문명은 전혀 깊이 있게 다루어지지 않았다. 창세기에서 문명이 시작되는 배경을 알리는 이 부분이 공백 상태가 되다 보니 기존 교회들은 기초가 부실한 상태, 즉 배경의 기초가 탄탄하지 못한 상태에서 성경을 이해할 수밖에 없게 되었다.

    불과 150년 전까지만 해도 인류 역사에서 '4000년 전'은 원시시대로 취급받았지만 1872년 12월 3일 젊은 영국인 조지 스미스가 「길가메시 서사시」의 대홍수 이야기를 세상에 알렸다. 그러자 갑자기 구약성서는 권위가 흔들리기 시작하고 지식인들은 좌충우돌했다. 수메르는 환상이 아니었다. 그 후에도『수메르 왕명록』에 기록된 왕들의 행적을 알 수 있는 다른 증거물들이 계속 발견되었다. 결국 역사가들은『수메르 왕명록』을 기준으로 역사를 다시 써야 했고『수메르 왕명록』(Ashm 1923-0444)을 수메르의 표준 역사 교과서로 인정하게 된다.

    「길가메시 서사시」가 구약성서 중심의 세계관을 무너뜨렸다면『수메르 왕명록』은 수메르 역사를 세계 역사의 맨 앞자리로 이동시켰다. 그런데 다시 이『수메르 왕명록』이 역사를 왜곡했다는 것을 밝혀낸 책이 등장했다.[53]

아마도 독자들 중에는「길가메시 서사시」나 수메르 문명에 대해 전혀 들어 보지 못한 분도 있을 것이다. 이렇게 전문가나 관심 있는 소수의 사람들 이외에는 잘 모르는 영역의 이야기를 접하게 될 때면 그것에 대해 옳다, 그르다 쉽게 판단하기 어렵다. 반론을 펼치기란 더욱 더 쉽지 않다. 새로운 증거가 나타나고 새로운 논리가 더 강해지면 역사는 끊임없이 수정되고 수정된다. 그러나 성경의 진리는 불변하다.

우리 주변에는 가끔 이렇게 성경 이외의 문서들을 끌고 들어와 성경의 진위에 의심을 품는 이들이 있다. 그들은 낯선 문서들이나 야사, 출처가 불분명한 잡지 기사 등의 내용을 가지고 자신들의 주장을 뒷받침하거나 성경의 진리에 도전하려 든다. 이런 상황을 잘 대처하기 위해서라도 최근 밝혀지고 있는 고대 근동의 역사나 제2 성전기 시대의 역사 같은 생소한 내용들도 상식선에서 지식을 갖추고 있을 필요가 있다.

필자는 이러한 학문과 역사의 진보가 성경 이해를 풍성하게 만드는 유익이 있다는 것을 물론 인정한다. 하지만 엉뚱한 자료를 가지고 와서 성경에 대한 성도들의 신뢰를 무너뜨리려고 한다거나 아직 전통들이나 역사 속에서 확실하게 드러나지 않은 영역의 틈을 헤집고 들어와 의심을 불어넣으려는 이단 사이비의 공격은 분별력을 가지고 적극적으로 예방해 나가야 한다.

---

53) 김산해,『최초의 역사 수메르』(서울: (주)휴머니스트출판그룹, 2021), 11-12, 450-460.

이단은 늘 역사적 사실에 자신들의 거짓말을 섞는다. 그리고는 마음껏 상상의 나래를 펴고 자의적 해석을 일삼으며 달콤하게 다가온다. 이단은 성경을 오직 영적으로 해석해야 할 책으로 의미를 축소한다. 성경의 맥락을 굳이 몰라도 성경을 문자로 풀고, 요절로 이해하고, 비유로 풀고, 짝으로 풀고, 상징으로 풀면 되는 것처럼 몰아간다.

그러나 성경이야말로 문맥과 연결되어 읽혀야 하며 역사의 배경 속에서 이해되어야 할 책이다. 일반적인 역사 역시 하나님께서 일하시는 무대다. "성경 이외에 다른 책은 읽지 않는다"라는 단호함이 자칫 외골수 신앙, 독단적 신앙이 되지 않도록 조심해야 한다.

영해를 대적하는 바이블 리터러시

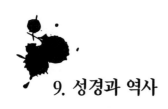

9. 성경과 역사

제국과 문명의 올바른 이해가 있을 때 성경의 바른 이해가 가능해진다. 기본적으로 성경본문을 해석할 때는 본문의 배경이 되는 역사적 배경, 당대 사람들의 생활방식이나 그들의 세계관과 사고방식을 보여주는 문화적 배경, 그리고 주어진 성경 본문이 당대의 동일한 문학 장르에 속하는 저작들과 어떤 방식으로 그 양식에 일치하는지를 보여 주는 문학적 배경들을 다 고려해야 한다.

성경의 역사는 애굽, 앗수르, 바벨론, 페르시아, 그리스, 헬라, 로마제국의 역사를 배경으로 해서 쓰였다. 물론 아브라함 이전의 모든 원역사(창세기 1-11장까지)도 하나님의 통치와 섭리 안에서 존재했다.

조병호의 책 『성경과 5대 제국』은 성경 속에 등장하는 다섯 개의 제국, 즉 앗수르, 바벨론, 페르시아, 헬라, 로마의 역사를 하나님의 시각에서 다루고 있으며, 모든 제국은 하나님이 쓰시는 도구에 불과하고 진정한 역사의 주관자는 하나님이심을 보여 주고 있다. 애굽은 나일강의 자연조건을 잘 활용하여 '문명'을 이루었고, 그것을 자랑삼아 제국의 꿈을 키워 갔지만, 그 자연을 창조하신 하나님께서 보내신 자연의 재난 앞에 무릎을 꿇어야 했다.

앗수르는 정복한 나라들의 민족 경계를 무너뜨리고 자신의 제국을 영원히 유지하려 했지만, 하나님께서는 앗수르의 군대 18만 5천 명을 하루아침에 죽게 하심으로 오직 하나님만이 경계를 지으시고, 또 경계를 허물기도 하시는 분이심을 보여 주셨다.

앗수르를 이어 나타난 바벨론 제국은 그 경영 키워드를 '교육'으로 삼고 속국들의 인재를 데려다가 바벨론 사상을 넣어 지배하려 했으나, 하나님께서는 인간을 어떤 이데올로기적 목적성을 이루는 도구가 아닌, 인간을 인간답게 하시는 분으로서 참교육이 무엇인지를 보여 주신다.

페르시아는 엄청난 군사의 숫자와 경제력을 바탕으로 '숫자'를 경영 키워드로 삼아 일어났으나, 각 나라와 민족의 경제적 안정과 국가 방위는 하나님의 손에 달려 있으며, 한 영혼이 천하보다 소중하다는 하나님의 세계 경영에 관한 생각은 페르시아 제국의 '숫자'에 의지한 경영 키워드를 부끄럽게 한다.

헬라 제국은 민족의 경계를 해체하며 그리스 철학과 동방 문화를 융합한 헬레니즘을 통해 세계 동포주의적 융합을 꿈꾸었지만, 진정한 융합은 사도 바울이 복음을 전할 때처럼 각 문화의 독특성을 인정하고 존중할 때 이루어진다는 것을 보여 준다.

로마 제국의 경영 키워드는 '관용'이었으나 이 관용은 노예를 철저히 배제한 귀족 중심의 관용이었으며 진정한 관용은 로마의 사형 틀인 십자가에서 오히려 인간들의 죄를 짊어지시고 대신 죽으신 예수님 십자

영해를 대적하는 바이블 리터러시

가의 관용뿐이라는 것을 강조한다.

성경을 읽을 때 성경에 나오는 여러 제국들의 역사와 하나님의 나라를 시간의 흐름을 따라 추적해 보면서, 역사의 한편에는 지상의 나라를 대표하는 이 땅(제국)의 역사가 있고, 다른 한편에는 '하나님 나라'로 대표되는 눈에 보이지 않는 믿음의 역사가 흘러가고 있음을 이해해야 한다. 이렇게 함으로써 성경이 말하고자 하는 것을 더 분명히 알 수 있을 것이다. 이렇게 제국의 역사를 하나님이 사용하시는 도구로 설명하는 관점은 다음과 같이 여러모로 유익을 갖는다.

첫째, 기존 교회의 성도들은 이 땅의 눈에 보이는 나라 또한 하나님께서 주관하시고 이끌어 가시고 완성해 가시는 나라라고 보는 안목이 열리게 된다. 이렇게 제국을 능가하는 웅장한 하나님 나라의 규모를 경험하면 자칫 개인주의화되고, 현실과 상관이 없는 사적인 역사처럼 여겨졌던 믿음의 역사가 얼마나 중요한지를 더 잘 깨닫게 될 것이다.

둘째, 이단에 빠진 사람들에게는 그들의 편협한 시각, 즉 성경에 흐르는 역사성을 배제한 채 영해나 도식을 중점으로 해서 철저히 자기중심적으로 성경을 왜곡하는 것이 얼마나 어리석은지를 깨닫도록 할 것이다.

셋째, 신앙 성장 측면에서는 '하나님 중심'적 관점으로 역사를 바라볼 수 있는 안목을 갖게 되고, 이단들에게는 믿음과 세상을 더는 이원론적인 시각으로 보지 않도록 경종을 울리는 계기가 될 것이다.

이러한 역사적 사실들을 통해 제국의 흥망성쇠는 물론 민족과 역사를 주관하시는 하나님의 주권을 더 크게 깨닫게 된다.

10. 에녹 1서, 그리스도인의 신앙을 위한 이해와 경계

　최근 에녹서를 가지고 종말론을 강의하며 예수님의 재림을 전하는 이들이 있다. 이들은 에녹 1서에 6천 년 후에 일어날 일이 예언되어 있다며, 소수의 사람들만 이 에녹서를 읽고 관심을 가질 것이라고 주장한다.

　에녹서를 통해 종말론을 주장하는 이들은, "에녹서 관심자들은 마지막 때에 선택받은 사람들이며 여기 모인 이들은 특별한 사명이 있는 자들"이라고 말하며 분위기를 조성한다. 또한, 에녹서가 종말론에서 중요한 역할을 한다고 강조한다. "에녹 1서가 종말론에 대해 이야기할 때는 전 세계 다른 나라 사람들에 대해서는 전혀 관심이 없고 오직 마지막 때에 이스라엘 땅에서 일어나는 일에만 관심이 있다", "에녹서에는 홀로코스트 예언과 유대인이 2000년 동안 전 세계로 흩어진다는 예언뿐만 아니라 앞으로 이스라엘 땅 중심으로 일어날 모든 일들을 아주 자세하게 이야기하고 있다"는 식이다.

　이렇게 에녹 1서의 예언을 듣는 이들이 마치 특별한 임무를 띠고 있는 것처럼 영적 엘리트 의식을 고취시키며, 현대 이스라엘 국가에서 벌

　　　　　　　　　영해를 대적하는 바이블 리터러시

어지는 현상들을 에녹 1서의 내용에 억지로 끼워 맞추고 있다.

에녹 1서는 이미 위경으로 판명된 책이다. 숨은 배경에 대한 주변 지식이나 문학적 도움을 얻는 차원에서는 관심을 가질 수 있겠으나, 정경 66권이 종교회의를 통해 정립된 상황에서 위경으로 판명된 책을 하나님의 영감을 받은 문서로 인정하고 성경의 위치로 격상시키는 것은 적절하지 않다. 더욱이 이러한 책의 내용을 근거로 성도들에게 종말론을 강의하는 것은 매우 위험한 발상이다.

"물은 소에게 주면 우유가 되고 뱀에게 주면 독이 된다"라는 말이 떠오른다. 건전한 신학자들에게 에녹 1서는 초기 유대교와 기독교 문헌들을 더 풍성하게 이해할 수 있게 하는 가치 있는 책이지만, 신기하고 특별한 것을 좇는 일부 분별력 없는 사람들의 손에 들려지면 성도들의 신앙을 해칠 수 있는 위험한 독이 될 수 있다.

에녹 1서는 고대 유대교 문학의 일부로, 타락한 천사들에 관한 이야기를 담고 있다. 이 책은 창세기 6:1-4에 나오는 하나님의 아들들이 사람의 딸들을 아내로 맞이한 이야기를 바탕으로, 천사들이 인간 여성들과 결합하여 거인 네피림을 낳는 이야기를 전개한다. 이 타락한 천사들은 '감시자들'이라고 불리며, 그들의 후손인 거인들은 땅에서 온갖 악행을 저질러 하나님의 노여움을 사고 결국 대홍수를 불러오게 된다.

에녹 1서는 단순히 천사와 인간의 결합 이야기에 그치지 않는다. 감시자들은 인류에게 천상의 비밀, 즉 과학과 기술 문명을 전수함으로써 인류를 타락시키기도 했다. 예를 들어, 무기 제조법, 천문학, 점성술 등의 기술을 가르쳐 주었고, 이는 인류가 더 많은 불의를 저지르는 결과를 초래했다. 이에 대한 죗값으로 감시자들은 최후의 심판 때까지 어둠 속에 갇히게 된다. 이 이야기는 사탄과 마귀 개념의 발전에 큰 영향을 주었으며, 신약성경의 사탄과 마귀 개념을 이해하는 데 중요한 배경을 제공한다.

에녹 1서가 서방 교회에서 거의 잊혔던 것은 4세기 초 아우구스티누스, 힐라리우스, 히에로니무스 등의 라틴 교부들에 의해 부정적인 평가를 받기 시작했기 때문이다. 그러나 1773년 스코틀랜드의 여행가 제임스 부루스가 에티오피아에서 에녹 1서를 발견하여 유럽으로 가져오면서 서방 교회에서도 다시 회자되기 시작했다.

에녹 1서에는 '이원론적 사고방식'이 많이 나타난다. 이는 선과 악의 구분, 전 우주적 차원의 대결, 현 세상과 다가올 세상의 구분 등을 포함한다. 에녹 1서는 다른 기독교 전통에서는 외경으로 간주되지만 에티오피아에서는 정경에 포함되어 중요한 위치를 차지한다. 에티오피아 교회는 죄의 기원을 아담에게만 돌리지 않고 사탄과 마귀, 악령들에게도 책임을 돌린다. 에티오피아 교회는 선한 천사들과 악한 영들 사이의 대립을 강조하며, 천사들을 신자들의 수호자로 특별히 공경한다.

에녹 1서는 한꺼번에 저술된 것이 아니라 여러 저자에 의해 오랜 시간에 걸쳐 쓰였고, 대략 BC 2세기부터 AD 1세기에 이르는 기간 동안 작성되었다. 이 작품은 유대인들 사이에서 널리 읽혔으며, 신약성경 저자들도 이에 영향을 받았다. 유다서 14절은 에녹 1서의 한 구절을 직접 인용하기도 한다.

이와 같이 에녹 1서는 성경 외경으로서 그 자체로 흥미롭고 중요한 문헌이며 에녹 1서는 많은 문학 작품과 신학적 논의에 영향을 끼쳤다.

그러나 에녹 1서를 이용해 순진한 성도들에게 이상한 사상을 주입하려는 잘못된 가르침들을 경계해야 한다. 이단들은 신기하고 특별한 이야기를 통해 사람들의 호기심을 자극하고, 잘못된 교리를 퍼뜨리고자 한다. 성도들은 외경에 지나친 관심을 보이기보다는 성경 본문을 정확히 공부하는 것에 힘써야 한다.

에녹 1서 같은 책은 신앙에 대한 이해를 넓히는 데 도움이 될 수도 있겠지만 그 내용을 비판적으로 검토하고 성경의 가르침과 조화롭게 이해하는 것이 중요하다. 유다서 저자가 에녹서를 인용했으니, 에녹서가 권위 있는 책이고, 잊힌 성경 말씀일지 모른다는 억지 해석의 관점보다는 유다서 저자가 에녹에 관한 당시의 해석 전통을 인용했다고 보는 관점이 적절할 것이다.

11. 창세기 꿰뚫고 성경 읽기

성경은 "태초에 하나님이 천지를 창조하시니라"라는 말로 시작하여 하나님의 존재를 논리적으로 증명하지 않고, 즉시 그가 우주 만물의 창조주이심을 선포한다. 성경은 하나님께서 말씀으로 천지를 창조하셨음을 선언하지만, 그 구체적인 과정을 과학적으로 설명하지는 않는다. 따라서 창조주의 창조 행위를 과학적 기준으로 판단하려는 것은 과학의 범위를 넘어서는 일이다. 과학은 자연 세계의 이해를 돕고, 신앙은 영적 진리를 탐구하며 두 영역이 서로 보완적인 관계임을 인식하는 것이 중요하다.

그래서 많은 크리스천들은 성경의 창조 이야기를 믿음의 영역으로 남겨 두고 있다. 그러나 과학의 도전은 점점 더 강해지고 적극적이 되고 있다. 학교 교과과정에서 창조론 입장이 사라지고 진화론에 근거한 교육만 이루어지고 있는 것은 물론이요, 이러한 교육적 환경 속에서 자란 현대인들은 하나님의 창조를 이성에서 벗어난 신화나 동화 속 이야기로 받아들이기도 한다. 이것이 모두 과학적 프레임으로 성경을 대한 결과다.

영해를 대적하는 바이블 리터러시

필자는 창조과학 세미나의 활동도 의미가 있다고 생각한다. 창조과학자들은 창조론의 타당성을 알리고, 진화론의 한계를 강조하며, 과학과 신앙의 조화를 위해 노력해 왔다. 친근하게는 공룡, 화석, 노아의 방주 등의 미스터리를 다루면서 왜 창조가 과학적 사실인지를 밝혀 왔다. 그러나 개별적인 의문을 설명하는 방식으로는 사람들이 가진 의심을 완전히 해소하기 어렵다.

이제는 학교를 통해 각인된 과학적 프레임을 파괴하고, 건전한 성경적 세계관을 세우는 작업이 필요하다. 이제 창세기를 통해 인류의 기원과 변화, 발전을 설명할 수 있어야 한다. 창세기를 통해 인류 전체 이야기의 토대와 하나님의 큰 그림이 바로 세워질 때, 성경의 모든 내용들이 진리로 받아들여질 수 있다.

창세기를 올바로 이해하는 것의 중요성

이스라엘 모든 역사에서 모세보다 창세기를 쓰기에 더 준비되고 자질을 갖춘 사람을 찾기는 어렵다. 창세기는 모세가 시내산에서 하나님으로부터 십계명을 받고 하나님과 깊은 교제를 나누던 시기에 기록된 것으로 여겨진다.

애굽은 당시 화려한 문명을 자랑하던 대제국이었다. 히브리인들은 400년 동안 노예로 지내면서 그 나라의 지배적인 삶의 가치를 받아들였고, 여호와의 언약과 하나님에 대한 신앙을 잊어버린 상태였다. 이러한 상황에서 그들에게 필요한 것은 바로 창세기에 담긴 내용이었다.

창세기는 하나님이 어떤 분이신지, 왜 인간을 구원하셨는지, 인간이 처한 절망적인 상황이 무엇인지, 하나님께서 인도하시려는 땅은 어떤 곳인지를 잘 설명하고 있다.

창조는 기독교 신앙의 시작점이자 기독교 세계관의 기초가 된다. 타락은 하나님에 대한 인간의 반역으로 관계가 훼손된 것을 의미하며 인간의 타락으로 아담과 하와는 하나님을 피하게 되었고 고독과 소외, 불안과 두려움에 빠지게 되었다. 그러나 하나님은 타락한 인간에게 구원의 길을 열어 주셨다. 구원은 인간의 타락으로 훼손된 관계를 창조 당시의 모습으로 회복하는 것을 뜻한다. 아담에 의해 시작된 죄가 창조 세계를 타락시켰지만, 하나님은 죄로 물든 인류를 예수님의 십자가 사랑으로 구원해 주셨다.

창세기의 이러한 핵심적인 주제들에 대해 더 깊이 이해하고자 하는 바람직한 모습이 일어나야 한다. 그러나 최근 일부 사람들 사이에서 이상한 방향의 영적인 관심이 증가하고 있다. UFO, 외계인, 네피림, 사탄, 천사와 같은 주제들에 대한 관심이 높아지고, 고대 이집트 신화에 나오는 신화적인 존재에 대한 호기심도 늘어나고 있다.

우리 주변에는 이렇게 핵심이 아닌 주변부에 더 관심을 보이며 이단적 가르침에 틈을 내주려는 이들이 있다. 바로 이러한 기회를 틈타 영지주의에 뿌리를 둔 사이비 이단들이 나타난다. 그들은 엉뚱한 이론과 주장으로 사람들을 유혹하며 교회를 공격한다. 앞으로 이런 혼탁하고 기괴한 짬뽕 신비주의가 바이러스처럼 창궐할 것이기에 창세기에 대한 깊은 이해는 성도들에게 그 어느 때보다 중요하다고 할 수 있다.

창세기를 꿰뚫는 성경 읽기

창세기의 바른 이해는 영지주의와 같은 이단 사상에 대항하는 데 필수적이다. 창세기를 통해 인류의 기원과 하나님의 구원 계획을 명확히 이해할 때, 우리는 더욱 견고한 신앙을 가질 수 있다. 창세기에 나오는 개념들을 정확히 이해하는 것은 성경을 제대로 읽고 이단의 영해를 무력화하는 데 필수적이다. 아래의 주요 개념을 통해 창세기를 꿰뚫는 성경 읽기를 제안한다.

1) 땅의 모습

혼돈은 단순히 무질서가 아니라 형태가 만들어지기 전의 상태를 의미한다. 그 공간은 텅 비어 있는 상태, 즉 공허한 상태이다. 따라서 흑암이 깊음 위에 있다는 것은 깊이를 알 수 없는 끝없는 흑암을 말한다. 창세기에 나오는 최초의 땅은 혼돈, 공허, 흑암의 모습을 띠고 있다.

2) 삼위일체

창세기 1:2의 "흑암이 깊음 위에 있고 하나님의 영은 수면 위에 운행하시니라"라는 구절은 새가 둥우리의 새끼를 날개로 감싸는 모습을 연상시킨다. 이 구절은 특별히 성령의 역할을 강조하고 있다. 혼돈하여 형태를 이루지 못한 땅, 무시무시한 혼돈, 두려운 암흑, 전혀 질서도 없고, 털끝만 한 기쁨도 찾아볼 수 없는 죽음의 세계였으나, 하나님의 영이 수면을 감싸듯 운행하고 있었다. 여기서 "하나님"이라는 단어는 복수형인 엘로힘이며, "영"은 성령을 가리킨다. 창조는 성부 하나님만의 사역이 아니라 성부, 성자, 성령 하나님의 합작품이다.

3) 빛과 광명체

창세기 1:4에서 "빛이 하나님 보시기에 좋았더라. 하나님이 빛과 어두움을 나누사"라고 말씀하신다. 첫째 날의 빛은 어마어마한 에너지일 수도 있고, 태양일 수도 있다. 그러나 네 번째 날에 광명체를 창조하신 것과 어떻게 구분할 것인가?

첫째 날의 태양을 중심으로 넷째 날에 가서야 하나님께서 그 모든 기능을 명령하신 것으로 해석할 수 있다. 절기가 나누어지고, 계절이 만들어지며, 연도도 형성되는 것이다.

빛의 창조를 굳이 천체의 창조보다 앞에 둔 것은 흑암을 깨는 것으로서 빛의 창조가 가장 자연스럽고 효과적이었기 때문이었을 것이다. 하나님의 창조는 혼돈 속에 질서를 세우시는 행위이셨다. 창세기에서는 빛이 발광체에서 나오는 것이 아니라, 하나님으로부터 직접 창조된 것임을 분명히 하고 있다. 창세기에서 해나 별 이전에 빛이 창조되었다는 기사는 그다지 '비과학적'인 근거가 되지 않는다.

4) 형상과 모양

"하나님이 가라사대 우리의 형상을 따라 우리의 모양대로 우리가 사람을 만들고…"

　－ 창 1:26

　형상(체렘)은 '무언가를 새기다'는 뜻이다. 형상은 어떤 것을 기억하고 유추할 수 있도록 만든다. 인간이 하나님의 형상이라는 것은 인간을 통해 하나님을 유추하고 생각할 수 있는 무언가가 새겨져 있다는 것이다.

　모양(데무트)은 '닮다'라는 뜻으로, 그 형상의 특성을 나타낸다. 이는 창세기가 인류의 시작을 알려 주며, 하나님의 모든 디자인이 담겨 있음을 의미한다.

　창세기는 인류의 시작을 알려 주는 책으로, 그 속에는 하나님의 창조-타락-구속-회복의 모든 디자인이 담겨 있다.

　창세기에 대한 깊은 이해와 통찰이 있을 때 성경 전체에 대한 깊은 이해와 통찰이 가능하다. 창세기의 바른 이해는 혼탁한 이 시대에 이단을 대적하는 데 꼭 필요한 사항이다.

제7장

과학 프레임 꿰뚫고
신앙으로 교육하기

1. 과학 프레임과 창조과학

지금까지 기독교는 "종교 없는 과학은 절름발이이고 과학 없는 종교는 장님"이라고 술회한 바 있는 아인슈타인의 어록을 자주 인용해 왔다. 어떤 이는 이 어록을 인류 최고의 과학자가 종교를 인정했다는 근거로 사용하고 있고, 또 어떤 이는 그와 반대로 아인슈타인이 단지 겸손한 표현으로 신을 얘기한 것을 기독교인들이 자신들에게 유리하도록 이용하고 있다고 코웃음을 친다.

그도 그럴 것이 아인슈타인은 평소 신을 부정했고, 처음부터 신을 고려하지 않는 과학자의 인생을 살았다고 전해지기 때문이다. 신학과 과학의 이 좀처럼 가까워질 수 없는 관계는 아직 다 해소되지 않았다. 현대 과학에서는 진화를 과학으로, 창조를 종교로 정의하는 잘못된 이원론적 사고방식을 조장하고 있다. 어떤 이는 오늘날 과학과 기술의 눈부신 발전이 시간이 갈수록 종교의 입지를 좁히고 있다고 본다. 하지만 반대쪽에서는 과학의 발전이 오히려 성경의 입지를 강화하고 있다고 보기도 한다.

창조와 진화는 과학적으로 관찰, 증명 또는 반증할 수 없다. 다만 기독교가 할 수 있는 것은 창조론이 진화론보다 훨씬 우월하다는 것을 보여 주는 것이다.

필자는 최근 〈방주와 암흑(The Ark and the Darkness)〉이라는 2시간짜리 다큐멘터리 영화를 관람했다. 이 영화는 성경에 기록된 노아 시대의 홍수가 역사적 사실이었다는 것을 성경적으로뿐만 아니라 과학적으로도 타당성 있는 증거들을 제시하며 보여 주고 있었다. 많은 사람들이 창세기의 기록을 신화라고 생각하지만, 과학은 성경이 기록하고 있는 전 지구적 홍수가 실제로 일어난 역사적 사실임을 확인시켜 주고 있다.

영화 중간중간에 나오는 교수들의 인터뷰는 세속적 지질학이 틀렸고, 지층 암석과 화석 기록에서 발견되는 것이 성경의 기록과 일치한다는 강력한 증거들을 제시하고 있었다. 고대 역사, 화산활동, 화석 기록 등 모든 것이 진화보다는 창조로 모이고, 그것이 설득력 있게 영화로 만들어진 것을 보니 영화를 보는 내내 마음이 뿌듯하고 웅장해지는 것을 경험했다.

이처럼 기독교는 진화론에 맞서 더 위대한 증거들을 계속해서 보여 주며 정치적 이념에 휘둘리는 세속과학(secular science) 프레임의 허상을 드러내야 한다. 진화론은 물질로부터 물질의 기원을 설명하는 반면, 창조론은 과학의 범위가 아닌 초자연적인 하나님으로부터 물질의 기원을 설명한다. 생물과 종의 기원을 과학적 방법으로는 검증할 수 없다. 오직 성경만이 생명의 기원에 대해 정확하고도 확신 있는 설명을 제공할 수 있다.

하나님이 없다는 사람들에게 이렇게 반문해 볼 수 있다. "하나님이 없다면 물질은 어떻게 존재하게 된 거냐?" 하나님이 없다는 사람들은 물질이 스스로 존재한다고 믿는다. 하나님을 믿는 사람들은 하나님께서 스스로 존재하시고 물질을 만드신 것이라고 믿는다. 당신의 이름을 묻는 모세에게 "나는 스스로 있는 자"(출 3:14)라고 말씀하신 하나님을 창조주로 믿는 이들이 참된 기독교인이다.

진화론적 관점만이 교과서에 소개되고 있는데, 이것은 이 이론이 과학적인 검증을 거쳤기 때문이 아니다. 진화론은 과학 그 자체라기보다는, 생명체의 기원과 다양성을 설명하는 하나의 체계이다. 창조과학자들은 진화론의 한계와 불완전성을 학생들에게 정확히 알려 주지 않는 공교육의 균형 잃은 모습을 지적한다. 학생들이 편향된 과학 프레임 속에서 교육받고, 학생들의 종교적 믿음이 점점 존중받지 못하는 현실을 교회와 학부모들은 심각하게 생각해야 할 것이다.

영해를 대적하는 바이블 리터러시

2. 과학 프레임의 실체

창조과학자들은, "성경은 사실이며, 증거들은 확실합니다"라고 주장한다. 과학계와 교육계에서는 생명의 기원에 대해 진화론을 유일한 이론으로 가르치는데 그것은 한낱 가설의 수준일 뿐이다.

오늘날 과학 교육이 사회와 교육 시스템에 깊숙이 자리 잡고 있기에 많은 사람들이 과학을 절대적 진리로 여기며, 과학적 사고를 통해 세상을 이해하고자 한다. 과학적이지 않은 것은 틀린 것처럼 치부한다. 이로 인해 심지어 성경을 대할 때에도 이 과학주의 프레임의 한계를 벗어나지 못하는 경우를 본다.

역사를 되돌아보면, 과학 교육의 기초는 합리성이 중시되던 18세기 계몽주의 시대에 연결되어 있다. 이 시기 존 로크[54]와 같은 철학자들이 경험을 통한 학습을 강조하게 되었고, 이후 계몽주의 시대에서 19세기

---

54) 존 로크(John Locke, 1632-1704)와 찰스 다윈(Charles Darwin, 1809-1882)은 각각 철학과 과학 분야에서 중요한 업적을 남겼는데 두 사람의 사상은 역사적으로 연계될 수 있는 몇 가지 공통된 주제나 개념을 포함한다. 존 로크는 철학에서 경험주의를 대표하는 인물로, 모든 지식은 감각 경험으로부터 나온다고 주장했다. 로크의 자연법 사상과 다윈의 적자생존 개념은 직접적으로 연관되어 있지 않지만, 두 개념 모두 자연의 규칙에 따른 행동을 설명하고자 하는 시도로 볼 수 있다.

초 산업혁명으로 넘어오게 된다. 이 과정에서 경험주의가 과학연구의 표준으로 자리 잡게 되고 과학적 방법론이 교육에 도입된다.

이렇게 과학적 사고와 교육은 점차 사회 전반에 확산되기 시작하다가 19세기 이후가 되면 찰스 다윈의 진화론, 뉴턴의 고전역학, 아인슈타인의 상대성 이론 등 과학적 발견들이 쏟아져 나오며 과학은 점점 더 권위를 갖게 된다.

과학자들에 의해 이루어지는 과학적 혁신들은 점차 경제와 기술의 발전을 중심으로 나아가게 되고 과학적 사고와 그 기반 위에서의 교육을 절대시하는 문화로 이어졌다. 경험주의 사상이 주장하는 바 역시 자연적인 감각으로 경험하는 것 이외에는 그 존재를 확신할 수 없다는 것이다.

이런 흐름 속에서 신이 존재하지 않는다고 믿는 세속 과학자들은 모든 것의 첫 번째 원인에서 신을 배제시키는 모습을 보일 수밖에 없게 되었다. 그리고 과학계와 교육계에 채택된 유물론적 진화론으로 인해 사람들은 하나님을 떠나게 되었고, 과학은 길을 잃어버렸다.

이런 교육 환경 속에서 자라나는 다음 세대가 바로 성경의 메시지가 전해져야 할 주 대상이다. 따라서 과학과 신앙은 교회가 잘 이해해야 할 피치 못할 과제가 되었다.

3. 미국의 공교육 배경과 방향, 과학을 대하는 입장

공교육에 스며든 17세기 영국의 철학자이자 정치 이론가였던 존 로크(John Locke)의 사상은 그 출발부터 신앙 교육과는 거리가 멀었다. 존 로크는 자연법 사상을 사회계약론과 결합하여 정치 철학의 중요한 기초로 삼았다. 그는 자연법[55]이 인간의 생명, 자유, 재산을 보호하며, 정부는 이러한 타고난 기본 권리를 보장하기 위해 존재한다고 주장했다. 이러한 사상은 미국 독립선언문에 직접 반영되었는데 "모든 인간은 평등하게 태어났으며, 창조주로부터 부여받은 양도할 수 없는 권리, 즉 생명, 자유, 행복을 추구할 권리를 가지고 있다"는 구절이 그것이다. 이것은 자연법 사상의 직접적인 반영을 보여 주며, 이러한 사상은 종교적 신념과는 다소 거리가 있었다.

20세기 초, 미국에서는 공교육 시스템이 사회적 평등과 민주사회에서의 시민교육을 목표로 설계되었다. 바로 이때 과학적 사고를 통해 합리적이고 비판적인 시민을 양성할 수 있다고 생각한 정치적, 사회적 요

---

55) 자연법은 인간의 본성에 기초한 법으로, 모든 사람이 본능적으로 이해하고 따라야 할 도덕적 원칙을 의미한다.

구와 맞물려 과학이 공교육의 중요한 축이 되는 결과를 낳게 되었다.

진화론 교육을 둘러싼 법적, 사회적 논쟁이 계속되었으나 시간이 지남에 따라 과학적 증거와 교육의 중요성이 부각되면서 점차 많은 주에서 진화론 교육이 허용되기 시작했다. 진화론 지지자들의 전략은 과학적 증거를 강조하고 교육의 중요성을 내세우는 것이었다.

이렇게 해서 20세기 중반 이후 진화론은 미국 공교육의 중요한 부분으로 자리 잡게 되었다. 이때 중요한 역할을 한 정치가이자 정책 입안자 중 하나가 '존 듀이'였다. 듀이는 진화론을 교육과정에 포함시키는 것을 강하게 지지한다. 진화론을 주장하는 정치가들은 진화론이 종교적 신념을 훼손하는 것이 아니라 과학적 사실을 가르치는 것이라고 강조하며 종교계와의 갈등을 피해 가려 했다. 이렇게 진화론은 당시의 여러 정치적, 사회적, 교육적인 많은 당면 과제들을 뒷받침하기 위한 도구로써 채택되었다.

이렇게 짜인 미국 공교육의 교과과정이기 때문에 진화론의 허점이 발견되더라도 다시 수정하기는 쉽지 않을 것이다. 왜냐하면 지금 모든 교육 시스템은 진화론을 근거로 해서 만들어졌는데 이 근간이 무너진다면 모든 교육 시스템의 붕괴가 일어날 것이기 때문이다.

현재 미국의 공립학교는 위기를 맞고 있다. 인본주의와 과학주의의 교육을 통해 자유와 인권의 중요성만을 배우게 된 현대인들은 과학적 진보에도 불구하고 인간의 도덕성과 윤리, 영적인 영역에서 많은 혼란과 허점을 드러내고 있다. 좋은 예로 최근 학부모들의 우려를 자아내

영해를 대적하는 바이블 리터러시

고 있는 동성애 문제가 있다. 자유와 인권만을 강조하다 보니 성경이 말하는 하나님의 법과 충돌이 생기는 것이다. 더 나아가 이들은 과학의 잣대로 성경을 평가하거나 해체하려고 시도한다.

과학주의에 물든 사고로 성경을 바라보게 되면, 그것이 하나의 프레임이 되어 성경 본래가 가진 진리에 이르지 못하게 된다. 이러한 때에 교회는 정신을 차리고 하나님의 창조 질서 속에서 과학의 자리를 정확히 인식시켜 주고, 성경적 세계관에 따라 세상을 볼 수 있는 안목을 길러 주어야 할 것이다.

4. 과학주의의 한계와 문제점

　진화론은 생명이 어떻게 처음으로 시작되었는지에 대해서는 설명하지 못한다. 화석 기록에서 발견되는 급격한 진화 또는 도약 현상(Punctuated Equilibrium)[56]도 설명하기 어려운 부분이다. 또한 눈과 같이 매우 복잡한 기관의 진화 과정도 점진적인 변화만으로는 명확히 밝히지 못한다. 단세포 생물에서 다세포 생물로의 진화 과정 또한 아직 완전히 이해되지 않았다. 이와 같이 진화론은 생명과학의 핵심 이론 중 하나로 많은 증거에 의해 뒷받침되지만, 많은 부분들에서 여전히 연구와 논의가 필요하다.

　빅뱅이론 역시 현재로서는 가장 잘 확립된 우주 기원 이론이지만, 과학자들은 여전히 그 이론을 테스트하고 수정하며 더 나은 이해를 위해 연구를 계속 중이다. 과학은 분명히 많은 것을 설명하고 우리 삶을 풍요롭게 해 주었지만, 그것이 모든 것을 설명해 줄 수 있는 만능의 도구는 아니었다. 과학의 본질은 가설을 세우고 이를 검증하며 증거를 바

---

56)　도약 현상(Punctuated Equilibrium): 생물학에서 진화가 일정하고 느리게 일어나는 것이 아니라, 짧은 시간에 빠르게 일어나고 그 후 오랜 시간 동안 거의 변화가 없는 상태가 지속된다는 이론이다.

탕으로 이론을 발전시키는 과정이다. 빅뱅이론의 허점이나 미해결 문제들이 여전히 존재하는 것을 보아도 과학을 맹신할 이유는 없다.

과학주의는[57] 그 시대의 필요와 요구에 의해 도입되고 발전된 하나의 프레임에 불과하다. 과학은 물질세계의 현상을 설명하는 데 강력한 도구이지만, 인간의 내면, 정신세계, 그리고 영적인 부분에 대해서는 충분한 답을 주지 못한다. 그리고 생명의 기원이나 지구의 기원 같은 것도 역시 다루지 않는다. 이러한 것들은 과학의 범위를 벗어난 영역이다.

필자는 미국의 제1차 대각성 운동[58]에서 크리스천이 나아가야 할 교훈과 방향을 찾아보기 원한다. 미국의 제1차 대각성 운동을 이해하려면 18세기 초 신앙의 자유를 찾아 미국 땅에 온 청교도들의 이야기까지 거슬러 올라가야 한다. 그들은 신앙을 위해 모든 것을 버리고 미지의 땅에 도착한 사람들이었다. 하지만 시간이 흐르면서 사람들은 점차 세속화되고 자녀들은 도덕적으로 해이해졌으며, 신앙의 열정 또한 식어갔다. 더구나 18세기 초, 다양한 배경을 가진 사람들이 기회를 찾아 미국 땅으로 이주해 오면서 종교적, 문화적 다양성은 더욱 커져만 갔다. 경제적 번영과 물질적 풍요로 인해 사람들은 종교보다는 세속적인 성

---

57) '과학주의'는 과학적 방법이 모든 질문에 대한 유일한 답을 제공할 수 있다는 믿음이라고 할 수 있다.
58) 미국의 제1차 대각성 운동(First Great Awakening)은 18세기 중반, 주로 1730년대와 1740년대에 걸쳐 일어난 대규모 종교 부흥 운동이다. 이 운동은 영국의 식민지였던 북미 대륙에서 기독교 신앙을 다시 일깨우고자 하는 열망에서 비롯되었다.

공에 더 많은 관심을 기울이며 혼돈 속으로 빠져들었다. 이때 계몽주의 사상은 이성과 과학을 강조하며 종교적 회의주의를 가져오기도 하였다.

이때 하나님은 조나단 에드워즈와 조지 휫필드 같은 인물들을 사용해 미국에 대각성 운동을 일으키셨다. 이 부흥 운동으로 종교적 열정이 다시 살아나면서 종교적 자유와 개인의 신앙의 중요성이 다시 강조되었다. 이 시기 동안 많은 사람들이 복음주의 신앙으로 돌아오는 일이 일어났다.

오늘날의 상황도 이와 유사하다. 성경의 중요한 가치들이 무너지고 교회는 힘을 잃어 가고 있으며, 과학주의에 물든 지성인들은 신앙에 회의를 표시하고 있다. 하나님을 떠난 인간들은 과학의 이름 아래 인권과 자유를 강조하며, 점점 더 많은 절망과 혼란 속에 빠지고 있다. 과학주의는 모든 것을 설명할 수 있을 것처럼 보이지만, 실제로는 우리를 더 깊은 혼란과 영혼의 불안으로 이끈다.

우리는 다시 한번 영적 각성이 필요하다. 우리는 과학주의의 프레임을 깨뜨리고, 다시 한번 성경으로 돌아가야 한다. 성령의 역사를 통해 다시 한번 우리의 신앙을 되살리고, 하나님의 법을 따라 살아가는 삶을 회복해야 한다.

제8장

성경 설교하기

1. 통합, 다리 놓기, 변증의 관점

　지금 한국 교계는 이단의 공격 앞에서 적절히 대응하지 못하고 혼란의 시기를 맞고 있다. 사람들은 참 신앙과 교리는 무시하고 마치 사사기 시대처럼 각자 자기 소견에 옳은 대로 판단하고 행하려 한다. 앞에서 밝혀 온 것처럼 이단의 가르침에서 발견되는 프레임을 정확히 꿰뚫고 그들의 '영해'에 맞설 수 있는 건전한 '바이블 리터러시'로 무장해야 한다.

　설교강단에서부터 이런 변화가 시작되어야 한다. 필자는 통합의 관점, 다리 놓기 관점, 변증의 관점 등이 녹아 있는 통독설교를 소개하며 더 많은 강단에서 이런 통합적인 시각에서 성경의 메시지가 전체적으로 외쳐지기를 제안한다. 이제는 단순히 성경을 읽고 성경에 나오는 사건이나 인물들을 기억하는 수준을 넘어서야 한다. 성경을 통합적으로 이해하고 전체 속에서 본문의 뜻을 밝힐 때만 성경적인 설교를 할 수 있다. 그렇게 되려면 설교자와 청중 모두에게 성경 전반에 대한 큰 그림이 먼저 있어야 할 것이다. 이제는 개인주의 중심의 신앙에서 벗어나 성경 이야기 자체 속으로 들어가 하나님 중심, 교회 공동체 중심,

성경 스토리 중심의 신앙으로 성숙해져야 한다.

그래서 필자는 한국교회 모든 강단에서 먼저 통독설교가 행해져 성도들의 신앙을 성장시키고 이단에 대한 저항성도 커져 가기를 기대한다.

2. 하나님 나라와 역사를
통합적인 시각으로 보기

통독설교는 성경의 어느 본문이든지 하나님 나라와 역사를 통합적인 시각으로 이해하는 가운데 성경 전체 스토리 속에서 본문이 담고 있는 의미를 밝히려고 하는 설교이다. 특히 필자는 통독설교를 통해 성도들의 신앙 성장을 돕고 이단 저항성 능력을 향상시키려는 데에 그 강조점을 둔다. 통독설교의 특징은 다음과 같다.

첫째, 통독설교는 성경 전체가 연결성을 지닌 하나의 이야기로 보고 항상 성경 전체 속에서 해당하는 본문의 위치와 의미를 파악하려고 한다. 청중들에게 성경을 부분이 아닌 전체, 단절이 아닌 통합, 인간 중심이 아닌 하나님 중심의 관점에서 역사와 자신을 보게 한다. 설교자는 통일성을 유지하기 위해 성경 전체의 스토리를 숙지하고 전체 이야기 속에서 본문의 위치를 정확히 알고 설교해야 한다.

사도 바울은 복음을 설명할 때 선지자들의 기초 위에서 설명하고자 시도한다. 복음은 어느 날 하늘에서 뚝 떨어진 것이 아니고, 유대교라는 둥지, 구약이라는 둥지 속에서 하나님께서 키워 오셨다는 것을 알았

영해를 대적하는 바이블 리터러시

기에 통합적인 시각으로 본 것이다.

둘째, 영해를 앞세운 이단들의 무분별한 해석에 쉽게 현혹되지 않도록 분별력을 키워 줄 수 있다. 이단들의 짜깁기 식 엉터리 교리에는 역사성이 빠져 있고, 성경을 전체로 보는 접근이 약할 수밖에 없다. 사이비 이단들이 자신들이 가진 그 약점을 '영해'로 교묘히 피해 가려 할 때 교회는 통독설교를 통해 분별력을 키워 주어야 한다. 성경 66권은 그 이야기들이 주제에 있어서만 하나로 연결된 것이 아니라, 역사에 있어서도 연결성을 갖고 원스토리로 이어지고 있다. 통독설교는 성경의 모든 이야기가 십자가 중심, 예수 중심으로 그 흐름이 모였다가 다시 세상을 향해 펼쳐지기에 어느 본문 어느 이야기를 다루어도 성경 전체의 스토리와 맞닿아 있다는 장점이 있다.

셋째, 성경 전체 스토리 구조에 근거한 통독설교는 그 방향이 복음적이며 확장성을 갖는다. 통독설교는 모든 구약의 스토리들을 십자가로 향하도록 스토리들을 이어 가지만, 그 십자가에서 끝나는 것이 아니고, 그 십자가로부터 삶의 현장으로 성도들의 시선을 확장하여 성도들이 이 땅에서 주님의 지상명령을 충실하게 따르는 모범적 크리스천의 삶을 살도록 토대를 제공한다.

이단의 성경해석이 점점 더 폐쇄적이고 파괴적인 방향으로 나아가는 데 반해 통독설교의 방향은 하나님 나라를 향한다. 그러므로 통독설교는 성경을 통해 발견한 하나님 나라의 진리를 일상의 삶을 통해 어떻게 보여 줄 것인지를 제시하려고 한다.

하나님 나라를 열망하고 있지만, 마치 하나님 나라가 없는 것처럼 살아가고 있는 현대의 기독교인들에게 하나님 나라를 '장소'가 아니라 '통치'의 관점으로 보도록 돕는다. 통독설교를 통해 교회와 성도가 함께 성장하기 위해서는 먼저 성경통독이 잘 선행되어야 한다.

지금까지 성경을 통합적으로 보며 바이블 리터러시 능력을 키우는 것의 여러 유익을 알아보았다. 골프를 교습할 때 실력 있는 코치는 전체 몸의 입장에서 각 지체들의 문제를 파악해 가르친다. 사람의 몸은 다 연결되어 있는 유기체이기 때문에 부분, 부분을 교정하기보다 몸 전체의 폼이 나오도록 방향을 잡는다. 그런 후에 안 되는 부분의 핵심을 바로 파악하여 뚫어 줄 때 레슨의 효과가 크다. 성경통독을 통해 독자들은 전체를 꿰뚫어 보는 능력을 갖추고 신앙이 성장하는 것을 경험할 것이다.

이 유익은 이단 저항성을 키우는 부분에서도 나타난다. 이 이단 저항성을 키우는 부분도 이단들이 내세우는 교리 하나하나를 상대하기보다 이렇게 성경 전체를 먼저 꿰뚫고 이해할 때 '바이블 리터러시' 레이다에 모두 드러나게 될 것이다.

　　　　　　　　　영해를 대적하는 바이블 리터러시

3. 성경 시대의 1차 독자와
   현 시대의 2차 독자 고려

성경이 쓰일 당시의 독자들은 성경의 1차 독자라고 할 수 있다. 2000여 년이 지난 지금의 독자들은 2차 독자가 된다. 성경의 배경지식을 잘모르다 보니까 잘못된 해석이나 무리한 해석이 나오게 된다. 필자의풀리지 않는 난해 구절이 창세기 6장[59]이었다. 유대 랍비들의 문서들을 보면 이 본문을 신화적으로 해석한다. 천사들과 악마, 그리고 거인감찰자가 등장한다. 이 본문을 신화적으로 해석하기 시작한 이들은 단순히 신적인 존재에 대한 이해로 끝나지 않고 이 신화적 존재들을 통해서 이 땅에서 발생하는 모든 현상의 원인을 밝히고자 하는 데까지 나아간다.

이들은 천사들 가운데 선한 천사와 악한 천사가 존재한다고 보았으며, 홍수 이후에도 거인들이 육체가 없는 영의 상태로 존재했다고 주장한다. 악마의 기원을 여기에서 찾는 경우도 있었으며, 홍수 이후의 세계 문화 발전에 기여했다고까지 상상력은 확장된다. 어떤 책에서는 그

---

59) 창세기 6장의 네피림 이야기: "하나님의 아들들"이 "사람의 딸들"과 금지된 관계를 맺음으로써 하늘과 땅 사이의 경계를 침범했던 노아 시대의 에피소드로 민수기 13장의 네피림을 탄생시켰다(민 13:32-33).

성경 본문이 자신들의 신들과 문화가 우월하다고 여기던 고대 메소포타미아인들의 사고를 반박하기 위해 특별히 기록된 것이라는 의견을 주장하기도 한다.

성경을 정확히 해석하기 위해서는 성경을 기록하던 당시의 배경, 즉, 성경 저자들이 살면서 공유했던 고대의 세계관에 대해서도 염두에 두고 성경을 보아야 한다. 그 당시 성경을 모르던 문명 세계는 자신들이 갖고 있던 세계관으로 세상과 문명의 발전을 해석하려는 여러 시도를 하게 된다. 그러나 그런 시도는 어느 한 지점에서는 항상 막히는 부분이 있다. 즉, 인간의 이성과 추론으로는 도저히 해석이 안 되는 지점이 존재하게 되고, 그들은 신화나 초자연적인 존재의 등장을 통해 해석이 안 되는 부분을 극복하고자 했던 것을 볼 수 있다.

최근 들어서 영적인 존재, 예를 들면 사탄이라든지 마귀, 천사 등에 대해 관심이 늘어나고 있는 것을 본다. 그러나 관심을 갖는 것은 좋지만 이미 다른 신학자들이 폐기했거나 주의를 당부했던 데에는 다 그럴 만한 이유가 있다는 것을 잊지 말아야 한다. 본문의 본래 의미나 역사적, 문맥적 배경을 안다면, 상식적인 해석으로 충분하다. 그런데 자신의 영적 경험을 첨가시키며 특별한 의미를 부여하기 좋아하는 이들이 있고 거기에 열광하는 청중이 있다. 그렇기 때문에 속이는 자와 속는 자, 경계하는 자와 경계를 푸는 자, 선을 긋는 자와 선을 넘는 자 사이에 늘 긴장이 존재한다.

무엇인가 특별한 내용이나 경험을 갖고 청중을 찾아가기 원하는 설

영해를 대적하는 바이블 리터러시

교자들이 있다. 제2 성전기 시대의 쓰레기 더미를 뒤져 이상한 사상들과 이상한 해석들을 다시 퍼뜨리며 '영해'로 성경을 해석하기 좋아하는 이들이 있다. 제2 성전기 시대의 천사를 통한 계시 방법에 직통계시를 섞어 성경을 풀어 가기도 한다.

한국은 특히 그 종교적 풍토가 불교, 유교, 샤머니즘 등의 전통 종교와 기독교, 천주교 등의 외래 종교가 혼합된 복합적인 종교성을 지녔다. 영적인 공허를 신비하고 특별한 경험 속에서 얻으려는 소비자들이 계속 늘어나는 추세이다. 이렇게 신앙 현장에는 속이는 자와 속는 자, 경계하는 자와 넘어가는 자, 하나님의 일과 사탄의 일이 공존하기에 늘 긴장이 충만하다.

우리가 알아야 할 것은 성경은 '무로부터' 해석하는 것이 아니라는 사실이다. 인간은 누구나 예외 없이 시대의 자식이다. 마찬가지로 한 시대의 해석방법 역시 그 시대의 산물로 볼 수 있다. 우리의 성경해석도 특정한 전통 위에 서 있는 것이고, 그 시대를 반영하고 있을 수밖에 없는 것이다. 배경지식을 많이 알도록 노력하자. 배경지식을 많이 알 때 통역도 더 잘할 수 있듯 배경지식을 많이 알 때 성경해석도 더 정확히 할 수 있다.

4. 유대인 중심의 해석보다 성경적 해석

성경의 종말 예언을 현대적으로 해석할 때, 우리는 자의적 해석의 위험성을 주의해야 한다. 특히 유대인 중심의 해석이 그 예이다. 이스라엘의 멸망 이전에 선포된 선지자들의 예언은 1차적으로 곧 닥칠 멸망과 회복의 소망을 담고 있지만, 먼 미래의 심판과 구원도 내포하고 있다. 따라서 이러한 예언들은 그리스도의 초림과 재림에서 점차적으로 성취된다. 그러나 선지자들은 마치 산 위에 올라서서 몇 개의 산등성이를 한 번에 보는 것처럼 이를 하나의 장면으로 보았기 때문에, 예언의 중첩성과 희미한 미래의 성취가 뚜렷하게 구별되지 않는다.

오늘날 '이스라엘의 회복'을 국가 이스라엘의 재건으로 해석하거나, 유대인들의 귀환을 전 세계에서 팔레스타인으로의 이주로 간주하는 해석은 잘못된 것이다. 이스라엘 국가 재건이 언젠가 사도 바울이 예언한 유대인들의 집단 회심으로 이어질 가능성은 있지만, 이스라엘 국가 재건 그 자체가 결코 성경이 말하는 이스라엘 회복은 아니다. 세계 통합정부를 꿈꾸는 일부 무리와 자신들만의 민족주의에 여전히 빠져 있는 일부 유대인들 운동에 한국 교회의 성도들이 이용당하지 않기를 바랄 뿐이다.

로마서 2장 28-29절에서 말하는 바와 같이 진정한 이스라엘은 마음에 할례를 받은 이들, 즉 예수의 피로 의롭다 하심을 입은 성도들을 뜻한다. 오늘날 혈통으로서의 유대인들을 특별하게 간주할 이유가 전혀 없으며 그들도 무슬림과 더불어 긴급한 선교 대상일 뿐이다. 예수님을 통해 진정한 이스라엘, 하나님의 이스라엘(갈 6:16)은 이미 건립되었다.

이러한 맥락에서 종말 예언은 역사적 성취와 미래적 성취, 문자적 의미와 상징적 의미를 잘 분별해야 한다. 자의적 해석을 경계하고, 성경 전체의 통일성 안에서 균형 잡힌 접근을 해 나가야 한다. 다니엘의 '멸망의 가증한 것' 예언(다니엘 9:27, 다니엘 11:31, 다니엘 12:11, 마태복음 24:15)이 점진적으로 어떻게 해석되고 있는지를 예로 들어 예언의 해석이 왜 중요한지를 살펴보겠다.

이 본문들은 예언적 성취와 미래적 성취의 중첩성을 가지고 있으며, 역사적으로는 안티오쿠스 에피파네스의 예루살렘 성전 모독과 로마군에 의한 예루살렘 파괴에 대한 예언으로 이해되고 있다. 좀 더 자세한 내용은 다음과 같다.

다니엘의 '멸망의 가증한 것'의 예언은 400년 후인 BC 167년의 중간기에 셀루쿠스 제국의 안티오쿠스 에피파네스에 의해 성취됐다. 그의 군대는 예루살렘을 정복한 후 성전에 제우스 상을 세우고 돼지를 제물로 바치며 그 피를 뿌렸다. 그런데 놀랍게도 그로부터 150년이 지난 후

이 예언을 예수님이 그대로 미래에 성취될 일로 재선포했다. 그로 인해 다니엘의 예언은 중간기에 1차로 성취됐고 예수님이 재선포하신 예언으로 2차적 성취가 발생하는 예언이다.

이 예언에 두드러지게 중첩성이 명백히 나타난다. 예수님에 의해 재선포된 '멸망의 가증한 것'에 대한 예언은 AD 70년 로마군에 의해 성취되었으며, 셀루쿠스 제국 이후 다시 한번 이방의 더러운 군대가 성전을 유린하고 마침내 파괴되었다. 그럼에도 불구하고 이 예언은 여전히 미래의 종말론적 성취를 기다리고 있다.

이때 이 예언은 더 이상 건물 성전과 더불어 성취되는 것이 아니라, 사람 성전과 더불어 성취될 것이다. 건물 성전의 시대는 예수님의 죽음과 더불어 종료됐기 때문이다. 마지막 때에 적그리스도가 등장해 교회, 즉 사람 성전 위에 '멸망의 가증한 것'으로 군림할 것이며, 예배를 중단시키고 교회를 핍박하며 파괴할 것이다. 이것은 이미 바울 서신과 요한계시록에서도 예언되는 분명한 사실이다.

이스라엘 민족주의 운동과 연관된 단체들과 메시아닉 주(Messianic Jew)는 현재 무슬림 황금 사원이 들어서 있는 예루살렘의 성전 터에 반드시 제3 성전이 세워져야 이 예수님의 예언이 실현될 수 있다고 믿는다. 건물 성전이 존재해야 '멸망하게 할 가증한 것'이 성전에 세워질 수 있다는 것이다. 그들은 조만간 제3 성전이 예루살렘에 재건되고 동물 제사가 복원될 것이며, 그 성전을 적그리스도가 찬탈해 거기에 신으로 군림함으로써 이 예언이 실현되리라 믿고 있다.

이들은 예루살렘을 특별하게 취급하며 '백 투 예루살렘', '알리야' 같은 선교운동을 펼치고 있으나 기독인들로 하여금 미래의 어떤 시점(예수의 재림 시점)에만 집착하도록 함으로써 현실의 삶을 등한시하도록 만들고 있다. 건강한 복음 이해를 저해하고 교회에 대한 왜곡된 시각을 보이기도 한다. 예루살렘을 특별하게 여기기보다는 각자가 자신의 땅끝을 향해 나아가야 한다.

5. 복음에 변증을 입히기

　미국의 한 기독교 홈스쿨 학교의 커리큘럼을 살펴보니 성경의 주요 주제들에 대해 변증할 수 있는 능력을 키워 주는 과목이 교과 과정에 있었다. 한국의 다음 세대에게도 '기독교 변증'은 꼭 필요한 교육이며 반드시 갖춰야 할 능력이다. '기독교 변증'이란, 합리적이고, 이성적이고, 논리적으로 기독교의 우수함과 믿음의 내용의 타당함을 밝히는 것을 말한다. 단순히 무엇인가를 암기시켜 주입하는 방법이 아닌 이 세상의 풍조에 맞서 적극적으로 복음을 변호하고 이단을 반박할 수 있는 훈련을 시켜야 한다.

　그동안 교회의 성경 공부는 평면적이었다고 말할 수 있다. 이제는 입체적 교육을 해야 한다. 이를 위해서는 기본적으로 성경 본문의 배경이 되는 이론이나 사상을 잘 알고 있어야 할 것이며 기초학문이라고 할 수 있는 역사와 사고하는 훈련 또한 필요하다. 그리고 단순히 교리를 가르치던 교육에서 이제는 기독교적 세계관을 심어 주는 교육으로 레벨업되어야 한다.

　가끔 성경을 읽다가 풀리지 않는 의문을 갖고 설교자를 찾아오는 성

영해를 대적하는 바이블 리터러시

도들이 있다. 그 의문은 본문 자체만의 문제가 아닌 당시의 문화, 역사라는 배경의 이해와 관련 있는 경우가 많다. 다음의 예를 보도록 하자.

시편 8편 5절에 보면 "저를 천사보다 조금 못하게 하시고"라는 말이 나온다. 히브리어 성경에는 "저를 하나님보다 조금 못하게 하신 것"으로 되어 있지만, 유대인들이 가지고 있는 성경에는 "천사보다 조금 못하게 하신 것"으로 되어 있다. 성경을 읽다가 이런 차이를 발견한 사람들이 "성경은 오류가 없다고 했는데 왜 이런 차이가 나타나는가?"를 질문할 수 있다.

이 시편 8편 5절의 경우 성경 번역의 역사도 알아야 하고 유대인의 정서도 이해할 때 납득이 될 수 있다. 질문에 대한 답을 먼저 하자면, 히브리어 구약성경을 헬라어로 번역한 70인 역에서 '천사보다 못한 것'으로 번역했기 때문이다.

그럼 유대인 학자들은 왜 하나님(엘로힘)을 '천사'로 번역했을까? 추측컨대 유대인들의 정서상 사람을 하나님과 비교하는 것 자체를 신성모독으로 생각했기 때문이었을 것이다. 그런데 새로 개정한 '개역 개정판'에서는 다시 원어에 충실하여 '하나님'으로 개정했으니 결과적으로는 어느 번역본에서는 '천사보다 못한 것'으로, 다른 번역본에서는 '하나님보다 못한 것으로' 기록되는 차이가 발생한 것이다.

복음서를 읽다 보면 이와 비슷한 예들, 즉 네 복음서 상호 간에 유사성과 차이점이 있는 것을 많이 발견하게 된다. 서로 일치하는 것들은 별 문제가 되지 않지만 서로 상이한 것들에 대해서는 성경에 대해 여러 가지 의문을 갖게 된다.

실제로 성경에 오류가 있다며 시비를 걸어 왔던 한 청년을 만난 적이
있다. 이 청년은 예수님의 부활 후에 무덤에 나타난 이가 청년인지 천
사인지, 나타난 이가 한 명인지 두 명인지가 복음서마다 일치하지 않는
것을 보고 성경에 오류가 있다고 주장하였다.[60]

이와 비슷한 경우의 말도 안 되는 공격이 이단들에 의해 얼마나 많이
저질러지는지 모른다. 그들은 부정확한 이론에 근거해 순수한 성도들
의 믿음을 흔들기도 하고 출처가 불분명한 가르침으로 미혹하기도 한
다. 그러므로 잘못된 가르침을 잘 대처하기 위해 탁월한 변증 실력 또
한 갖춰 나가야 할 것이다.

교회 역사는 이단과의 투쟁의 역사이다. 성경의 사람들은 주님 앞에
서는 날까지 이단을 잘 분별하여 끝까지 진리를 잘 지켜 나가야 한다.
사도 바울은 에베소 교회의 장로들을 불러 다음과 같이 간곡히 부탁
한다.

"너희는 자기를 위하여 또는 온 양 떼를 위하여 삼가라 성령이
저들 가운데 너희로 감독자를 삼고 하나님이 자기 피로 사신 교

---

60) 누가는 찬란한 옷을 입은 두 사람이 (여자들) 곁에 섰다고 기록한다.(눅 24:4) 그런데
    마가는 여자들이 무덤에 들어가서 흰 옷을 입은 한 청년이 우편에 앉은 것을 보았다고
    한다(막 16:5). 누가복음(눅 24:4)과 요한복음(요 20:12)은 천사 두 명이 나타났다고 하
    고 마태복음(28:2, 5)은 한 천사가 나타나 무덤 앞의 돌을 굴렸다고 한다. 나타난 이가
    청년인지 천사인지, 나타난 이가 한 명인지 두 명인지가 일치하지 않는 것을 보니 성
    경에 오류가 있다는 주장이었다.

영해를 대적하는 바이블 리터러시

회를 치게 하셨느니라 내가 떠난 후에 흉악한 이리가 너희에게 들어와서 그 양 떼를 아끼지 아니하며 또한 너희 중에서도 제자들을 끌어 자기를 좇게 하려고 어그러진 말을 하는 사람들이 일어날 줄을 내가 아노니… 지금 내가 너희를 주와 및 그 은혜의 말씀께 부탁하노니 그 말씀이 너희를 능히 든든히 세우사 거룩케 하심을 입은 모든 자 가운데 기업이 있게 하시리라"

– 행 20:28-32

바울은 자신이 떠난 후에 에베소 교회에 흉악한 이리들이 올 것을 예상했다. 누가복음 21장 8절은 "가라사대 미혹을 받지 않도록 주의하라 많은 사람이 내 이름으로 와서 이르되 내가 그로라 하며 때가 가까왔다 하겠으나 저희를 좇지 말라"라며 마지막 때에 미혹하는 일들이 많이 일어날 것을 예언한다.

마지막 종말의 때에는 분명 많은 이단 사상이 곳곳에서 일어나 성도들을 미혹할 것이다. 무엇을 어떻게 준비해야 할지 막막할 때 누가복음 21장 15절의 말씀을 읽고 용기를 얻었기에 소개해 본다. 예수님께서는 마지막 때에 미혹을 받지 않도록 주의하라고 당부하시며 "…아무도 반박할 수 없는 구재와 지혜를 너희에게 주리라"라는 약속을 주셨다. 영어 버전(NIV)에는 15절이 이렇게 기록되어 있다. "For I will give you words and wisdom that none of your adversaries will be able to resist or contradict."(Luke 21:15)

헬라어 원문에서 '구재'에 해당하는 단어는 "στόμα(stoma)"로, '말하는 능력'이나 '설득력'을 의미한다. 쉽게 말해, 말을 잘하는 능력, 논리적으로 상대를 설득하는 능력을 뜻한다.

세상에는 타고난 말쟁이들도 많고, 번뜩이는 지혜와 순발력을 가진 이들도 많다. 어쩌면 이 책을 읽는 독자들 중에는 이단들의 성경 지식과 언변에 비해 자신의 성경 이해가 너무 부족하고 말하는 재주도 없다고 느끼는 이들도 있을 것이다. 그러나 움츠러들지 말자. 살아 계신 하나님께서 아무도 반박할 수 없는 구재와 지혜를 주시겠다고 말씀하셨다. 미혹한 길에 서 있는 영혼들이 돌아오도록 하나님께 더욱 기도로 나아가자.

> "너희가 알 것은 죄인을 미혹한 길에서 돌아서게 하는 자가 그 영혼을 사망에서 구원하며 허다한 죄를 덮을 것이니라"
> – 약 5:20

제9장

통독과 설교의 만남
(통독설교)

1. 모퉁잇돌 되시는 예수 그리스도

　필자는 성도들의 신앙을 성장시키고 동시에 이단에 대한 저항성을 증진시키는 설교를 고민해 보다가 '통독설교'를 시작하게 되었다. 통독 설교는 본문을 해석할 때 성경 전체 속에 흐르는 하나님 나라 관점 아래에서 그 본문을 해석하며, 가급적이면 이단 사이비를 분별할 수 있는 통찰력을 키워 주는 것을 설교에 포함하려 하고 있다. 지금부터 이어지는 설교문은 에베소서 2장 19절부터 22절까지를 본문으로 해서 필자가 작성한 "모퉁잇돌 되시는 예수 그리스도"라는 제목의 설교 전문이다.

- 설 교 문 -

　(낚싯대에 매달아 놓는 '봉돌'을 보여 주며), "여러분, 이것이 무엇인지 아십니까? 낚싯줄이 잘 가라앉도록 도와주는 일명 '봉돌'이라는 것입니다. 저는 낚시와 골프로 유명한 플로리다에서 오랫동안 목회하고 있습니다. 하지만 낚시를 좋아하지 않습니다. 어느 날 성도들과 밤낚

　　　　　　　　　　　영해를 대적하는 바이블 리터러시

시를 갔다가 '돌'로 인해 큰 사건을 하나 겪었기 때문입니다.

캄캄한 어둠 속에서 낚싯줄을 잡아채어 끌어올리는 중에 일명 '봉돌'이라 불리는 것이 저의 얼굴 정면으로 날아왔고 눈 깜짝하는 순식간에 저의 앞니 두 대가 부러지고 입에서는 피가 흘렀습니다. 그때 얼마나 막막하고 당황스러웠던지요. 제가 방금 보여 드린 이 '돌'이 바로 그때의 그 '봉돌'입니다.

오늘 본문에도 보니까 '돌'이 중요하게 등장하고 있습니다. 사도 바울은 무슨 이야기가 하고 싶었을까요? 바울은 에베소 교인들에게 예수 그리스도를 소개하기 위해 '돌' 이야기를 하고 있습니다. 저처럼 낚시 사고 얘기 같은 개인적인 얘기가 아니었습니다. 예수님을 소개하고 있습니다. 잘못된 이단사상에 물들고 있는 에베소 교인들에게 예수님을 소개하는 데에 이 '돌 얘기'처럼 적절한 스토리가 없었습니다. 여러분 궁금하지 않으십니까? 예수 그리스도와 '돌'이 어떤 연관이 있을까요? 오늘 그 중요한 의미들을 함께 찾아보도록 하겠습니다.

오늘 본문의 요지는 건축자들이 버린 돌을 하나님께서 모퉁이의 머릿돌이 되게 하셨다는 것입니다. 2장 20절을 다시 한번 함께 읽겠습니다. "너희는 사도들과 선지자들의 터 위에 세우심을 입은 자라 그리스도 예수께서 친히 모퉁잇돌이 되셨느니라".

이 상징은 바울뿐만 아니라 베드로에게도 중요하게 각인되어 있었던 것 같습니다. 베드로 역시 사도행전 4장 11절에서 "이 예수는 너희

건축자들의 버린 돌로서 집 모퉁이의 머릿돌이 되었느니라"라고 동일하게 선포합니다. 그리고 더 시간이 흐른 뒤에 쓰인 베드로전서 2장 6-7절에서도 그는 "믿는 너희에게는 보배이나 믿지 아니하는 자에게는 건축자들의 버린 그 돌이 모퉁이의 머릿돌이 되고"라고 말하면서 그 내용을 다시 한번 언급하고 있습니다.

사실 이 '모퉁잇돌' 이야기는 바울과 베드로만 사용한 것이 아닙니다. 더 원조가 계십니다. 그게 누구일까요? 네, 바로 예수님입니다. 예수님께서 악한 포도원 농부의 비유를 말씀하실 때 친히 사용하셨습니다. 이 비유는 마태, 마가, 누가복음 모두에 기록되어 있는데,[61] 그 내용은 이렇습니다.

한 집 주인이 포도원을 만들고 난 후 농부에게 세를 주고 타국으로 나갔습니다. 시간이 흐른 뒤 그는 자신의 종들을 보내 과일들을 받고자 했으나 악한 농부가 그 종들을 심히 때리고 하나는 죽이고 하나는 돌로 쳐 버린 것이었습니다. 이 주인이 다시 다른 종들을 처음보다 많이 보냈으나 똑같은 일을 당하게 됩니다. 그래서 이 주인은 아들을 보내기로 하며 이런 생각을 합니다. "저희가 내 아들은 공경하리라." 그러나 농부들은 오히려 상속자를 죽이고 그의 재산을 차지하자 하고 그 아들을 때리고 죽였습니다.

---

61) 마태복음 21:33-46, 마가복음 12:1-12, 누가복음 20:9-19.

예수님께서는 이 본문을 통해 당시 예수를 반대하는 대제사장과 바리새인들을 건축자에 빗대어 말씀하고 계십니다. 고난과 죽음의 길로 나아갈 수밖에 없는 자신의 사명을 아시고 시편 118편에 기록된 "건축자들의 버린 돌이 집 모퉁이의 머릿돌이 되었으니"(시 118:22)를 인용하신 것입니다. 이로 미루어 보면, 예수님은 이 시편의 이 구절을 이미 알고 계셨고, 이 구절을 대하셨을 때 자신의 정체와 사역을 떠올리셨던 것이 분명합니다. 예수님은 이후에도 제자들에게 계속 이 상징을 말씀하셨습니다.

예수님 시절에는 오늘날처럼 시멘트나 철제 빔과 같은 건축자재가 없었습니다. 그래서 주로 돌을 사용했는데 모퉁잇돌은 건물을 세울 때 제일 먼저 기초로 놓는 돌입니다. 이 기초석을 놓은 다음 그 돌을 중심으로 다른 돌을 좌우로 이어가며 쌓아 나가는 것이지요. 여러분, 그런데 도대체 이 '모퉁잇돌'이 예수님과 무슨 상관이 있다는 말입니까? 에베소교회는 어떤 교회이며, 바울은 왜 에베소 교회를 향해 이 편지를 쓰고 있는 것입니까?

에베소는 로마제국의 제 번째 큰 도시로 '다이아나'라고 불리기도 하는(성경에는 아데미라고 표기되어 있는) 여신의 거대한 신전이 있는 곳이었습니다. 이 신전에서 예배드리기 위해 지중해 연안의 모든 나라들로부터 사람들이 모여들었습니다. 이런 관광객과 순례자를 대상으로 하는 상업은 에베소에 많은 부를 가져왔습니다. 당시 존재하던 소아시아 교회들의 모교회라고 할 수 있는 에베소교회는 바울의 2차 전도 여행이 끝날 즈음 시작되었습니다. 그 후 바울이 3차 전도 여행 때 다시 에베소에 오게 되고 그 후 3년 정도를 머물며 그들에게 주 예수의 복음을 다시 정확하게 증거하였고, 열두 명 정도의 제자에게 침례를 베풉니다.

두란노 서원을 차려 놓고 하나님의 말씀을 날마다 강론하고, 이때 성령이 나타나고, 병든 사람이 낫고, 귀신이 떠나가는 등의 역사까지 아울러 경험합니다. 그러나 사탄은 사람들이 미몽에서 깨어나 달아나도록 내버려 두지 않았습니다. 그곳은 엄청난 영적 전쟁의 현장이었습니다. 눈에 보이는 우상의 위협도 거셌지만, 당시 에베소에는 여러 골치 아픈 이단사상들이 사람들 속에 점점 퍼져 가고 있었습니다.

이런 곳에서 사역을 감당했던 바울은 이 시기를 표현하기를 "마치 맹수 가운데 있는 것 같았다"라고 표현을 합니다. 바울도 이렇게 어려웠는데 이제 막 시작된 교회의 어린 성도들은 더욱 흔들릴 수밖에 없었습니다. 당시에 어떤 이단사상들이 유행하고 있었고 그들의 특징은 어떠했는지를 살펴보면 그 영적 싸움이 조금은 더 짐작이 가시리라 생각됩니다.

영해를 대적하는 바이블 리터러시

2. 에베소의 이단 사상들

에베소 지역에 성행하던 이단 사상들에는 먼저 율법주의가 있습니다. 이미 사도행전 15장의 예루살렘 회의에서 끝난 얘기지만 에베소의 유대인들은 여전히 할례를 받아야만 구원이 있다고 주장하고 있었고, 할례를 통한 율법 준수는 여전히 강조되며 바울이 외치는 은혜로 말미암는 구원의 가르침을 방해하고 있었습니다.

골치 아픈 이단이 율법주의만이었을까요? 에베소의 더 심각한 이단인 '영지주의'가 있었습니다. 영지주의는, 유대교에 뿌리박고 있으면서 나중에는 헬레니즘에 영향을 받아 생겨난 종교 혼합주의 성격을 띠고 있는 이단입니다.

그들은 첫째, 이원론적 세계관을 가지고 있었습니다. 영적인 것은 선하고, 물질적인 것은 악하다는 세계관으로 물질세계를 창조한 하나님을 악한 신으로 보기도 합니다.

둘째, 이원론적 세계관은 사람들의 윤리관에도 영향을 미쳐 지나친 금욕주의와 쾌락주의를 낳고 있었습니다.

셋째, 영지주의 이원론에서는 육체를 죄악시한 결과 가현설[62]을 주장하였습니다. 이들은 예수의 육체로 오심을 부인하며 기독교의 역사성을 약화시키고 있었습니다.

넷째, 갇혀 있는 육체로부터 해방을 얻으려면 영적인 지식을 얻어야 한다고 주장하며 이 지식을 얻기 위한 신비한 의식을 강조하고 부추겼습니다. 이들은 이렇게 구원의 방도를 그리스도의 구속이 아닌 초자연적 지식에서 찾으려 하면서 기독교를 편협한 종교로 만들고 있었던 것입니다.

여기에다가 도시엔 세속주의가 판쳤습니다. 당시 아데미 신전을 중심으로 한 문란한 성생활과 쾌락, 무너진 윤리 의식이 걷잡을 수 없이 번져 가고 있었습니다. 그러나 사람들은 그것을 잘 인지하지 못하고 있었습니다. 탁류 속에 있는 물고기가 물이 탁한지를 잘 모르는 것과 같이 말입니다. 오히려 영지주의자의 엘리트 사상이 퍼지면서 영지주의자가 되는 것은 도시적으로 세련되고 지적인 사람이 되는 것과 같은 착각을 하게 하기도 하였습니다.

---

62) 가현설(Docetists): 예수님은 사람처럼 보이는 것이지 실제 사람이 아니라는 주장이다. 그리스도는 인간 예수의 몸에 임시로만 계셨고, 십자가형을 받을 때 다시 분리되었다고 본다.

3. 에베소가 알아야 할
모퉁잇돌 되시는 예수

　바울은 이런 사람들에게 예수 그리스도를 소개해야 했습니다. 교회를 설명해야 했습니다. 왜냐하면 이단이 더욱 횡행할수록 명확한 성경의 교리와 가르침이 더 필요했기 때문입니다. 진짜를 분명히 알고 있어야 가짜를 분별해 낼 수 있는 능력이 생기기 때문입니다.

　바울은 자신이 사도들과 선지자들을 통해 전해 받은 예수님의 모퉁잇돌 가르침이 에베소 교회가 알아야 할 진리의 핵심이라고 보았습니다. 이 '모퉁잇돌'이 예수님의 정체와 사역을 가장 잘 나타내 줄 수 있다고 보았습니다. 바울은 예수 그리스도와 교회의 관계를 가장 잘 보여 주는 한 문장을 바로 오늘 본문 에베소서 2장 20절의 "너희는 사도들과 선지자들의 터 위에 세우심을 입은 자라 그리스도 예수께서 친히 모퉁잇돌이 되셨느니라"에서 찾고자 했던 것입니다.

　바울은 예수님의 이 이해를 왜 다시 에베소 성도들을 향해 언급하고 있는 것일까요? 예수님은 왜 시편 118:22절에서 자기 이해를 하셨을까요? 예수가 그리스도이시고, 그 예수님을 모퉁잇돌 삼아 교회로 지어져 가고 있는 그들이 얼마나 소중한 존재인지를 알려 주고 싶었던 것입니다. 바울은 예수님의 이 '버려진 돌', '모퉁잇돌' 메타포를 통해, 성경 전체를 통해 약속된 메시아의 모습을 떠올렸을 것입니다.

바울은 시편 118:22를 인용하시는 예수님을 떠올립니다. 그리고 에베소 교인들을 향해 예수님의 정체를 정확하고도 확신 있게 밝히기 시작합니다. 그런데 예수님은 도대체 왜 자신의 정체를 '버려진 돌', '모퉁잇돌'에서 찾으신 걸까요?

예수님은 자신을 사무엘하 7:12-13의 '다윗 언약'을 근거로 한 메시아로 인식하였을 것입니다.

> "네 몸에서 날 자식을 네 뒤에 세워 그 나라를 견고케 하리라
> 저는 내 이름을 위하여 전을 건축할 것이요 나는 그 나라 위를
> 영원히 견고케 하리라"
> – 삼하 7:12-13

사무엘하에 나타나는 메시아의 모습은 다윗의 자손으로서 왕으로 오시는 메시아의 모습입니다. 그러나 그것만 가지고는 버려지는 돌의 의미를 설명해 내기가 어렵습니다. 예수님은 이때 자신보다 몇백 년 전에 활동했던 선지자들의 메시지를 떠올리셨습니다. 예수님은 스가랴 6장-14장에 나타나는 보잘것없고 초라한 목자-왕의 모습을 생각했습니다.

영해를 대적하는 바이블 리터러시

"시온의 딸아, 크게 기뻐할지어다… 보라 네 왕이 네게 임하나
니 그는 공의로우며 구원을 베풀며 겸손하여서 나귀를 타나니
나귀의 작은 것 곧 나귀 새끼니라"
- 슥 9:9

이사야서 53장에 나타나 있는 고난 받는 주의 종의 모습도 떠올렸습
니다. "그가 찔림은 우리의 허물을 인함이요 그가 상함은 우리의 죄악
을 인함이라". 이뿐일까요? 가깝게는 다니엘 2장, 7장에 나타나는 '돌'
을 생각해 볼 수 있습니다. 어떤 내용입니까? 거기에는 차례대로 나타
났다가 사라져 갈 제국들의 흥망성쇠가 예언되어 있고, 장차 나타날
'뜨인돌'이 예언되어 있습니다.

"이 열왕의 때에 하늘의 하나님이 한 나라를 세우시리니 이것
은 영원히 망하지도 아니할 것이요 사람의 손으로 아니하고,
산에서 떨어져 나온 돌이 철, 놋, 진흙, 은과 금을 부서뜨릴 것
이다"
- 단 2:44-45

마지막에 나타나는 돌은 '인자'를 가리킵니다. 그 인자가 나타나 영원
한 하나님의 나라를 세우실 것이라는 예언이었습니다. 이사야 28장 16
절 말씀에도 "보라! 내가 택한 보배로운 모퉁잇돌을 시온에 두노니, 그
를 믿는 자는 부끄러움을 당하지 아니하리라"라는 말씀이 나옵니다.

이러한 이해를 통해서 예수께서는 시편 118:22의 '버려진 돌', '모퉁잇 돌'이 자신을 가리키고 있는 말씀인 것을 아셨던 것입니다.

그렇다면 예수님은 왜 버린 돌이 먼저 되셔야 했습니까? 이것을 아는 것과 모르는 것의 차이가 있을까요? 네, 큰 차이가 있습니다.

4. 에베소가 예수 그리스도와 교회의 가치를 발견할 때

에베소가 예수 그리스도와 교회의 가치를 발견할 때 영적 승리가 있습니다.

지금 그리스도 안에 들어온 에베소의 교인들은 혼란을 겪고 있을 것입니다. 자신들의 선택이 옳은가 하는 확인을 받고 싶었을 것입니다. 에베소의 화려한 문화와 사상, 그리고 거짓 이단들은 계속해서 공격해 오는데 자신들이 붙들고 있는 그리스도는 너무 초라해 보일 수도 있습니다. 이미 십자가에 못 박혀 볼품없이 돌아가셨습니다.

인간적으로 보면 아무 소망이 없는 것입니다. 자신들의 공동체가 왜 모여 있으며, 어떤 점에서 가치와 차별이 있는지도 흐릿해져 가고 있습니다. 그래서 더욱 그들에게 필요한 것은 '나는 누구인가? 우리는 누구인가?' 하는 정체성이었습니다. 그들은 바로 예수 그리스도께서 피로 값 주고 사신 '교회'들이었습니다.

바울은 그들에게 예수 그리스도는 누구신지, 또한 그 예수님이 피 흘려 사신 그 '교회'가 누구인지를 분명히 가르쳐 주고 싶었던 것입니다. 오늘 이 가르침은 분명 에베소의 성도들이 그들의 고난을 이해하는 데에 큰 도움을 주었습니다. 고난 받고 십자가에 달린 예수를 다시 보게 만들었습니다. 그분은 에베소의 이방인들이 부끄러워해야 할 대상이 아니라, 열등한 대상이 아니라, 오히려 하나님이 보내신 메시아가 분명하다는 증거가 된 줄로 믿습니다.

예수님의 고난이 없다면, 버린 돌이 먼저 되지 않는다면 모퉁잇돌이 될 수 없는 것입니다. 바울은 이 십자가의 도를 깨닫고 난 후 이렇게 외쳤습니다. "십자가 외에는 아무것도 알기를 원치 아니하노라", "나는 내 몸에 예수의 흔적을 가졌노라". 바울은 자기가 경험했던 그 흥분의 감정을 동일하게 가지고 오늘 말씀을 외쳤을 것입니다.

"건축자들의 버린 돌을 하나님께서 모퉁이의 머릿돌로 삼으셨느니라." 할렐루야!

자, 이것을 분명히 깨달을 때 어떤 변화가 있게 될까요? 당시 율법주의를 벗어날 수 있는 기초를 제공합니다. 무슨 말입니까? 예수님은 자기 육체와 십자가에서 드리는 단번의 희생 제사를 통해 율법을 완성하셨습니다. 육체는 악하고 그래서 메시아는 절대 육체로 오실 수 없다는 영지주의의 가르침에 당당히 맞서게 합니다. 예수님이 십자가에 달리셔야 했던 이유가 바울에 의해 이미 설명됐기 때문입니다.

세속주의를 벗어날 수 있는 기초 또한 제공합니다. 무슨 말입니까?

예수께서 모퉁잇돌 되셔서 교회된 우리가 지금 함께 지어져 가고 있습니다. 더 큰 영광을 바라볼 수 있는 살아 있는 소망의 공동체가 교회인 줄로 믿습니다. 에베소 교인들에게 현재의 일시적이고 충동적인 기쁨과 바꿀 수 없는 참기쁨이 생긴 줄로 믿습니다.

그렇습니다. 우리가 어려운 때일수록, 시험이 있을수록 바라보아야 하는 것은 바로 예수 그리스도입니다. 십자가입니다. 거기에 능력이 있습니다. 세상을 이길 힘과 지혜가 거기에 있는 것입니다. 당시 에베소 교인들을 에워싸고 있던 이단주의 사상에서 벗어날 수 있는 길은 바로 진리이신 예수님밖에 없습니다. 오직 진리만이 그들을 자유케 할 것입니다.

5. 에베소 교회가 달려가야 할 목표

바울은 여기에서 설명을 그치지 않습니다. 그 예수는 바로 모퉁이의 머릿돌이 되시고 성도들은 한 명, 한 명이 '산 돌'이 되어 머릿돌 위에 얹혀 가면서 하나님의 집이 되어 가는 것을 설명합니다. 그리스도는 산 돌일 뿐 아니라 '선택되고 보배로운 돌'이라고 베드로는 또한 말하고 있습니다.

> "사람에게는 버린 바가 되었으나 하나님께는 택하심을 입은
> 보배로운 산 돌이신 예수에게 나아와 너희도 산 돌같이 신령한
> 집으로 세워지고…"
> – 벧전 2:4-5

베드로는 이제 우리에게 '산 돌'이 되라고 권면합니다. 신령한 집, 즉 성전으로 세워지라고 말합니다. 우리는 산 돌이신 그리스도와 이어진 산 돌들입니다. 이것을 우리가 교회라고 부르는데 그 교회가 바로 하나님께서 갖고 계신 계획의 결정판이라는 것입니다.

오늘날 교회의 모습도 보면 안팎으로 많은 위기에 처해 있습니다. 이단 사상들은 옷만 바꿔 입은 채 계속 나타나 성도들을 미혹하고 있습니다. 최근의 상황만 보아도 한국에는 신천지 이만희 교주나 안상홍, 장길자, 정명석, 이 외에도 자신이 메시아라고 주장하는 수많은 이단과 사이비들이 기승을 부리고 있습니다.

미국도 역시 수많은 컬트들과 세속적인 사상과 문화들이 교회를 오염시켜 가고 있습니다. 이 뿐만이 아닙니다. 교회 안은 교회 안대로 예배나 교제가 약화되어 가고 있으니 또한 큰일이 아닐 수 없습니다. 인권을 중시하고, 자유를 존중한다고 하면서 하나님의 질서나 법을 무시하는 잘못된 지성주의가 교회에 깊이 들어와 있기도 합니다. 그래서 어떤 사람들은 교회에 기대하고 왔다가 실망하며 떠나기도 합니다.

그러나 여러분, 잊지 마십시오. 교회는 이 땅에 심어진 하나님의 꿈입니다. 교회는 지금도 자라고 있고, 하나님의 통치로 다스려지고 있습니다. 예수님 다시 이 땅에 오셔서 하나님 나라가 최종 완성될 그날까지 우리는 이렇게 모여 계속하여 전진할 것입니다.

맥켈베이(R. J. Mckelvey)가 묘사한 '이미'와 '아직' 사이의 긴장 관계 속에 있는 교회의 모습을 소개하며 오늘 말씀을 마치도록 하겠습니다.

"언제 완성될 것이라는 암시도 없이 건축 중에 있는 한 건물로서의 교회 개념, 그리고 동시에 실제로 하나님이 거하시고 있고, 예배가 행해지고 있는 성전으로서의 교회 개념은 모순된 것 같이 보입니다. 그러나 우리는 여기서 신약성서의 많은 사고에 근본적인 역설을 경험합니다. 그것은 현재의 확보와 미래의 희망이라는 역설입니다. 각 지체들과 마찬가지로 교회는 성령 안에서 하나님이 거하는 장소, 바로 그것이 되어야 할 것을 요청받습니다. 이러한 사실의 인지는 자기만족과 절망이라는 짝을 이루는 악마들로부터 교회를 보호합니다."

교회는 현재 성령 안에서 하나님이 거하는 장소이며, 동시에 더 완전한 미래를 향해 나아가고 있습니다.

영해를 대적하는 바이블 리터러시

맺는 말(책을 마치며)

교회 역사 속에서 이단은 늘 교회와 함께 있었다. 예수님의 활동 시기에도, 사도 바울의 전도 현장에도 있었고, 2000년 교회 역사 곳곳마다 진리를 소유한 교회를 괴롭히는 대상으로 존재해 왔다. 오늘날 이단은 급진적이고 혁신적인 현대 서구문화의 분위기와 맞물려 사람들 속에 침투하기에 더 좋은 환경을 만났다.

일부 사람들에게 기존 교회들은 이미 자리 잡은 나태한 권위로 보이는 반면, 이단의 사상은 기성교회에 대한 자유와 저항처럼 보이며 인기를 얻어 가기도 한다. 정통은 싸움에서 승리한 사상으로, 이단은 싸움에서 패배하여 억압당하는 피해자로 묘사하려는 시도도 있다.[63] 게다가 이단들이 전하는 달콤한 성경해석들은 정통교회들의 단조로움에 식상해 있던 현대인들에게 도리어 신선함과 영적 충격으로 다가오기도 한다.

이렇게 이단의 공세가 더욱 거세지는 상황 속에서 교회 입구에 단지 '이단 금지, 신천지 출입 금지' 스티커를 붙이며 안심하고 있을 수는 없다. 교회가 그 어느 때보다 베드로 사도의 "근신하라 깨어라 너희 대적 마귀가 두루 다니며 삼킬 자를 찾느니라"(벧전 5:8-9)라는 성경 말씀을 기억하고 경각심을 가져야 할 때다.

---

63)　Alister Mcgarath, 『그들은 어떻게 이단이 되었는가』 홍병룡 역(서울: 포이에마, 2011), 13.

기독교는 이미 진리의 말씀인 성경의 스토리들을 가지고 있다. 이제 남은 과제는 성도들이 사람과 사건과 사물을 옳게 볼 수 있도록 성경을 시스템적으로 잘 알려 줄 수 있는 준비를 하는 것이다. 이단과의 영적 전쟁에서 승리하기 위해 성경적인 틀이나 렌즈를 전수해 주는 일에 더욱 힘을 쏟아야 할 것이다.

　태권도 선수와 길거리 깡패와의 싸움으로 비교를 좀 해 보고 싶다. 도장에 태권도를 배우겠다고 왔던 관원들이 태권도에 실망하고 길거리의 깡패조직으로 달려가고 있다고 가정해 보라. 문신으로 몸을 도배하고는 있지만 싸움실력은 형편없는 깡패들이 도장의 관원들에게까지 더 마수의 손길을 뻗치고 있다면 기가 막힌 상황이 아닌가?

　실전 태권도를 창안한 이동희 사범의 말을 들어 보면 본래 태권도의 품새 속에는 실전에서 사용해 큰 효과를 볼 수 있는 모든 형태와 기술 개념이 다 들어 있다고 말한다. 그래서 그는 현대의 태권도가 다만 그것을 실전에 잘 활용하지 못하고 있다고 판단하여 '실전 태권도'를 직접 연구하고 가르치기 시작했다.

　마찬가지다. 정통교회가 가진 구원 스토리와, 십자가의 도, 하나님 나라 사상은 그 자체로도 너무나 웅장하고 훌륭하고 아름다운 이야기다. 영성하기 이를 데 없는 이단의 교리와는 비교도 되지 않는다. 이렇게 탁월한 십자가와 부활 사건, 아름다운 하나님의 구원 이야기가 있는데 교회들이 계속 소극적으로 대처하고 뒤로 물러서고만 있어서는 안 될 것이다.

　　　　　　　　　　영해를 대적하는 바이블 리터러시

본서는 마치 '실전 태권도'를 위한 걸음마 단계의 기초 교본과 같다고 할 수 있다. 이 책을 통해 독자들이 이단들의 전략과 그들의 전술, 그들의 허점 등을 조금이나마 발견할 수 있기를 바란다. 이단들은 처음부터 자신을 '하나님', '메시아', '구세주'라고 주장하며 다가오지 않는다. 그들은 사람들이 경계심을 풀고 자신들의 이야기를 들을 수 있도록 흥미 요소들을 가지고 접근한다.

이런 상황하에서 교회들은 표면적으로 드러난 몇 가지 처방만으로 책임을 다하고 있다고 안심해서는 안 되며 겉으로 드러난 모습보다는 이단들의 이면에 견고하게 자리 잡고 있는 뿌리, 즉 미혹의 영인 사탄의 존재를 먼저 인식하고 영적인 시각에서 이단을 바라보아야 할 것이다.

사도 바울은 에베소서 6장 11절에서 "마귀의 궤계를 능히 대적하기 위하여 하나님의 전신갑주를 취하라"고 성도들에게 명령하면서 마귀를 대적하기 위해 준비해야 할 모습을 보여준다. 바울은 전쟁에 나가기 위해 완전 무장한 군인들의 모습을 들어 표현하고 있는데 당시의 로마 군인들이 전쟁을 치르기 위하여 방패와 갑옷, 투구와 검, 띠, 신 등을 잘 준비해야 했음을 알 수 있다.

오늘날 전쟁을 위해 준비해야 할 장비와 품목들은 훨씬 더 많아지고 다양해졌다. 사탄의 미혹 전략이 더욱 체계화되었고, 미혹 방법이 계속적으로 진화하고 있기 때문이다. 그러나 그 토대가 되는 기본전략들은 많이 변하지 않았다.

본서는 이단들이 주 무기로 사용하는 '프레임'과 '영해'라는 부분을 파악해 보는 데 집중했다. 이단들이 그들의 프레임을 가지고 사람들의 성경을 바라보는 방식, 세상을 바라보는 방식을 조종하려 하는 모습에 심각성을 느끼고 의미 있게 접근했다. 이단들이 성경의 시대를 자의적으로 나누고, 용어를 임의로 바꾸고, 다시 용어를 재해석하여 주입하는 모든 행태들을 그저 단순한 행동이 아닌 사람들의 무의식 세계까지 점령해 버리려고 하는 프레임에 기반한 전술들이라고 보았다.

또한 이단들이 이렇게 프레임을 만들고 자신들이 원하는 방향으로 성서를 왜곡할 수 있는 배후에는 그것을 뒷받침하는 '영해'라는 해석원리가 있다는 것을 알리고 싶었다.

교회의 역사는 이단과의 투쟁의 역사, 하나님은 이렇게 역사를 움직여 가시고 발전시켜 오시고 진행시켜 가신다. 크리스천들은 교회를 책임지고 있다. 분별력을 갖고 배후를 볼 수 있어야 한다.

안디옥의 이그나티우스의 글에 이런 글이 있다.

"여러분은 가현 이단자들을 받아들이지 말아야 할 뿐 아니라 가능하다면 만나는 일조차 없도록 하십시오… 어떤 직위도 사람을 교만하게 만들어서는 안 됩니다…. 어느 누구든 주교를 제쳐두고 교회와 관계되는 일을 해서는 안 됩니다."

이단들과는 호기심으로라도 가까이하지 않는 것이 좋다. 만약 주변

가까운 사람들이 미혹되어 있다면 진심으로 하나님께 기도하며 도움을 청하기 바란다. 하나님은 기도하는 자에게 구재와 지혜를 주신다고 하셨다. (눅 21:15) 또한 주변에 이미 하나님께서 예비해 놓으신 많은 이단 상담소와 전문가들이 있으니 그분들에게도 도움을 청하기 바란다.

이 책을 출발점으로 하여 궁금한 부분이나 관심 가는 주제에 대해 좀 더 관심을 갖고 공부해 볼 것을 추천하는 바이다.

참고자료

1. 단행본(국문)

권연경, 『네가 읽는 것을 깨닫느뇨』, 서울: SFC출판부, 2008.

길성남, 『성경이 무엇을 말하느냐』, 서울: 성서유니온, 2014.

김구원, 『성경, 어떻게 읽을 것인가?』, 서울: 복있는 사람, 2013.

김동수, 『신약의 심포니』, 서울: 엘도론, 2010.

김세윤·김회권·정현구 공저, 『하나님 나라 복음』, 서울: 새물결플러스, 2013.

김창대, 『거침없이 빠져드는 성경 테마 여행』, 서울: 브니엘, 2009.

김창대, 『한 권으로 꿰뚫는 소예언서』, 서울: IVP, 2013.

노요한, 『주님의 부르심』, 서울: 예루살렘, 2010.

문봉주, 『성경의 맥을 잡아라』, 서울: 두란노, 2007.

박병훈, 『구약성경 하나님 나라이야기, 통독성경 읽기』, 서울: CLS크리스챤리더, 2011.

_____, 『신약성경 하나님 나라이야기, 통독성경 읽기』, 서울: CLS크리스챤리더, 2011.

박유신, 『신천지 대해부』, 수원: 기독교포털뉴스, 2020.

배본철, 『이단을 보는 눈』, 서울: 도서출판영성네트워크, 2016.

백상현, 『신천지 이단옆차기』, 서울: 국민일보, 2000.

신성관, 『하나님 나라 관점으로 보는 성경』, 서울: 새물결플러스, 2016.

양형주, 『바이블 백신 Ⅰ』, 서울: 홍성사, 2019.

오대환, 『Fact와 Bible 중심의 이단세미나』, 인천: 에스더선교회, 2020.

오광만, 『영광의 복음 요한계시록』, 서울: 생명나무, 2011.

유도순, 『마태복음 파노라마』, 서울: 도서출판 머릿돌, 2012.

유승원, 『책 한권의 사람』, 서울: 새물결플러스, 2012.

영해를 대적하는 바이블 리터러시

이동수, 『신약의 구속사적 읽기』, 서울: 그리심, 2009.

이상환, 『Re: 성경을 읽다』, 서울: 도서출판 학영, 2023.

임용섭, 『3. 3. 4 성경가이드』, 서울: 생명의 말씀사, 2008.

정두성, 『교리교육의 역사』, 서울: 세움북스, 2016.

조민음 『이단백서』, 과천: 바른미디어, 2023.

조병호, 『통이다 렛츠 통』, 서울: 땅에 쓰신 글씨, 2007.

_____, 『성경통독과 통신학』, 서울: 도서출판 통독원, 2008.

_____, 『성경과 5대 제국』, 서울: 도서출판 통독원, 2011.

_____, 『제사장 나라 하나님 나라』, 서울: 도서출판 통독원, 2014.

지영근, 『신천지 세뇌 방식과 탈세뇌』, 수원: 기독교포털뉴스, 2020.

차준희, 『모세오경 바로 읽기』, 서울: 성서유니온선교회, 2013.

최갑종, 『예수님의 비유』, 서울: 이레세원, 2001.

최성훈, 『성경으로 본 이단 이야기』, 서울: 기독교문서선교회, 2018.

탁지일, 『이단이 알고 싶다』, 파주: 넥서스, 2020.

한창덕, 『한 권으로 끝내는 신천지 비판』, 서울: 새물결플러스, 2013.

허호익, 『이단은 왜 이단인가』, 서울: 도서출판 동연, 2016.

2. 단행본(번역)

Alister Mcgarath, 『그들은 어떻게 이단이 되었는가』, 홍병룡 역, 서울: 포이에마, 2011.

Anderson, Kenton C., 『설교자의 선택』, 이웅조 역, 서울: 성서유니온선교회, 2008.

Arthus, Jeffrey D., 『목사님 설교가 다양해졌어요.』, 박현신 역, 서울: 베다니출판사, 2010.

Bailey, Mark and Tom Constable, 『신약탐험』, 정인홍 역, 서울: 디모데, 1999.

Baker, L. David, 『구약과 신약의 관계』, 임요한 역, 서울: 부흥과개혁사, 2016.

Bartholomew, Craig G. and Michael W. Goheen, 『성경은 드라마다』, 김명희 역, 서울:

한국기독학생회출판부, 2009.

Beale, Gregory K.,『성전신학』, 강성열 역, 서울: 새물결플러스, 2014.

Beale, Grergory K. and Mitchell Kim,『성전으로 읽는 성경 이야기』, 채정태 역, 서울: 부흥과개혁사, 1997.

Berkhof, Louis,『성경해석학』, 박문제 역, 서울: 크리스찬다이제스트, 2008.

Beynon, Nigel and Andrew Sach,『성경이 말하게 하라』, 장택수 역, 서울: 예수전도단, 2012.

Blomberg, L. Craig,『신약성경의 이해』, 황인성 역, 서울: 기독교문서선교회, 2005.

Boice, James Montgomery 외 3인,『내 양을 먹이라』, 장호준 역, 서울: 복있는 사람, 2010.

Bright, John,『하나님의 나라』, 김철손 역, 서울: 컨콜디아사, 1985.

Brown, Haarold,『교회사 안에 나타난 이단과 정통』, 라은성 역, 서울: 도서출판 그리심, 2001.

Carter, Warren,『구속사적 설교의 원리: 역사적 본문에 대한 설교 원리들과 문제점』, 권수정 역, 개정판, 서울: SFC, 2006.

Carter, Warren,『신약세계를 형성한 7가지 사건』, 박삼종 역, 서울: 좋은씨앗, 2017.

Chapell, Bryan,『그리스도 중심의 설교』, 김기제 역, 서울: 은성, 2007.

Clowney, Edmund P.,『구약에 나타난 그리스도』, 서울: 네비게이토출판사, 1991.

Cox, Harvey,『성서 어떻게 읽을 것인가』, 김동혁 역, 서울: (주)알에이치코리아, 2017.

Darby, John Nelson,『성경을 아는 지식』, 이종수 역, 서울: 형제들의 집, 2016.

Dempster, Stephen G.,『하나님 나라 관점으로 읽는 구약신학』, 박성창 역, 서울: 부흥과개혁사, 2012.

Dever, Mark,『건강한 교회의 9가지 특징』, 이용중 역, 서울: 부흥과개혁사, 2007.

Doriani, Daniel M.,『존 파이퍼의 성경과 하나님의 영광』, 윤종석 역, 서울: 두란노, 2016.

_____,『적용, 성경과 삶의 통합을 말하다』 정옥배 역, 서울: 성서유니온
선교회, 2009.

Duduit, Michael,『능력 있는 설교 이렇게 한다』 권영주 역, 서울: 국제제자훈련원,
2009.

Easley, Kendell H.,『손에 잡히는 성경개관』 배용덕 역, 서울: 부흥과개혁사, 2009.

Fee, Gordon and Douglas Stuart,『책별로 성경을 어떻게 읽을 것인가』 김성남 역, 서
울: 성서유니온선교회, 2003.

Goldsworthy, Graeme,『그리스도 중심 성경신학』 윤석인 역, 서울: 부흥과개혁사,
2013.

Greidanus, Sidney,『구속사적 설교의 원리』 권수경 역, 서울: SFC출판부, 2003.

Greidanus, Sidney,『구약의 그리스도 어떻게 설교할 것인가』 김진섭·류호영·류호준
역, 서울: 이레서원, 2002.

Grudem, Wayne,『웨인 그루뎀의 조직신학(하)』 노진준 역, 서울: 은성, 2009.

_____,『꼭 알아야 할 기독교 핵심 진리 20』 이용중 역, 서울: 부흥과개혁사,
2015.

Heisler, Greg,『성령이 이끄는 설교』 홍성철·오태용 역, 서울: 베다니출판사, 2007.

Hoekema, Anthony,『개혁주의 종말론』 류호준 역, 서울: 기독교문서선교회, 1992.

Holcomb, Justin S.,『이단을 알면 교회사가 보인다』 이심주 역, 서울: 부흥과개혁사,
2015.

Kaminski, Carol M.,『구약을 읽다』 이대은 역, 서울: 죠이북스, 2016.

Keller, Timothy,『팀 켈러의 설교』 채경락 역, 서울: 두란노, 2016.

Kuniholm, Whitney T.,『E100 성경읽기 가이드』 전의우 역, 서울: 성서유니온, 2012.

Lawrence, Michael,『목회와 성경신학』 윤석인 역, 서울: 부흥과개혁사, 2011.

Longman, Tremper III,『삶으로 이어지는 성경 읽기』 서울: 네비게이토출판사, 2007.

_____,『구약성경의 정수』 최광일 역, 서울: 기독교문서선교회, 2016.

MacArthur, John, 『목회자는 설교자다』 이대은 역, 서울: 생명의 말씀사, 2015.

Marshall, Howard, Stephen Travis, and Ian Paul, 『서신서와 요한계시록』 박대영 역, 서울: 성서유니온선교회, 1994.

Mathison, Keith A., 『종말론적 관점에서 본 성경개관』 전광규 역, 서울: 부흥과개혁사, 2012.

Middleton, Richard J., 『새하늘과 새 땅 변혁적 총체적 종말론 되찾기』 이용중 역, 서울: 새물결플러스, 2015.

Miller, Calvin, 『설교 내러티브 강해의 기술』 박현신 역, 서울: 베다니출판사, 2009.

Page, Nick, 『바이블 맵』 김성웅 역, 서울: 포이에마, 2009.

Palmer, David L., 『신약을 읽다』 이대은 역, 서울: 죠이북스, 2017.

Richards, Randolph E., and Brandon J. O'Brien, 『성경과 편견』 홍병룡 역, 서울: 성서유니온, 2004.

Scott, Jack B., 『구약에 나타난 하나님의 구원사역』 한재석 역, 서울: 크리스찬서적, 1990.

Silva, Moises, 『교회는 성경을 오석해 왔는가』 심상법 역, 서울: 솔로몬, 2001.

Smith, Steven W., 『나는 죽고 성도를 살리는 설교자』 김대혁 역, 서울: 베다니출판사, 2011.

Sproul, R. C., 『구원』 조계광 역, 서울: 생명의 말씀사, 2003.

Spurgeon, Charles Haddon, 『찰스 해돈 스펄전의 재림메시지』 황의무 역, 서울: 기도교문서선교회, 2018.

Stafford, Tim, 『유대인의 옷을 입은 예수』 이장렬 역, 서울: 스텝스톤, 2009.

VanGemeren, Willem A., 『구원계시의 발전사』 권대영 역, 서울: 도서출판 솔로몬, 2017.

Watt, Jan van der, 『40일간의 성경여행』 황원하 역, 서울: SFC, 2009.

Wilkinson, H. Bruce and Kenneth Boa, 『한눈에 보는 성경』 정인홍·곽철호 역, 서울:

디모데성경연구원, 1999.

Williams, Michael D., 『성경 이야기와 구원 드라마』, 윤석인 역, 서울: 부흥과개혁사, 2011.

Wright, Christopher J. H., 『구약을 어떻게 설교할 것인가』, 전의우 역, 서울: 성서유니온, 2016.

Yawn, Byron, 『자기 목소리로 설교하라』, 전의우 역, 서울: 도서출판 첨탑, 2012.

영해를 대적하는

바이블 리터러시

ⓒ 허병옥, 2024

초판 1쇄 발행 2024년 8월 23일

지은이   허병옥
펴낸이   이기봉
편집   좋은땅 편집팀
펴낸곳   도서출판 좋은땅
주소   서울특별시 마포구 양화로12길 26 지월드빌딩 (서교동 395-7)
전화   02)374-8616~7
팩스   02)374-8614
이메일   gworldbook@naver.com
홈페이지   www.g-world.co.kr

ISBN   979-11-388-3467-4 (03230)